供临床医学类及相关专业用

物理诊断学实践指导

主　编　刘新兰

副主编　王　芳　窦春阳　孟高克

编　委（按姓名汉语拼音排序）

陈　萍　陈中青　窦春阳　黄李雅　李永军　刘新兰

刘秀梅　孟高克　孙柳君　王　芳　吴庆秋　袁春秀

张海霞　张　敏

北京大学医学出版社

WULI ZHENDUANXUE SHIJIAN ZHIDAO

图书在版编目（CIP）数据

物理诊断学实践指导 / 刘新兰主编．—北京：北京大学医学出版社，2020.10（2025.8 重印）

ISBN 978-7-5659-2252-7

Ⅰ．①物…　Ⅱ．①刘…　Ⅲ．①物理诊断-医学院校-教材　Ⅳ．①R443

中国版本图书馆CIP数据核字（2020）第156205号

物理诊断学实践指导

主　　编：刘新兰
出版发行：北京大学医学出版社
地　　址：（100191）北京市海淀区学院路38号　北京大学医学部院内
电　　话：发行部 010-82802230；图书邮购 010-82802495
网　　址：http：//www.pumpress.com.cn
E-mail：booksale@bjmu.edu.cn
印　　刷：北京瑞达方舟印务有限公司
经　　销：新华书店
责任编辑：刘云涛　**责任校对**：靳新强　**责任印制**：李　啸
开　　本：850 mm × 1168 mm　1/16　**印张**：6.25　**字数**：160千字
版　　次：2020 年 10 月第 1 版　2025 年 8 月第 4 次印刷
书　　号：ISBN 978-7-5659-2252-7
定　　价：20.00元

前 言

物理诊断学是一门实践性极强的学科，是运用医学基本理论、基本知识和基本技能对疾病进行诊断的一门学科。物理诊断学课程是为了医学生学完基础医学的各门课程后，顺利过渡到临床医学各学科学习而设立的一门桥梁课程，在临床医学教学中占有重要的地位，其教学质量的高低，直接关系到医学生、青年医师临床工作的能力和水平。

本编写组编撰的《物理诊断学实践指导》适用于临床医学、口腔医学、药学、护理学、预防医学、基础医学类及相关等医学专业本科生临床实践，以及住院医师规范化培训学员、专业学位研究生、青年医师的临床实践技能学习。本书对各系统体格检查进行了详细而规范的讲解，弥补了其他相关著作诊断实践知识点讲述简略、实际操作性不强、初学者很难掌握学习要领等缺陷，使读者可以更加轻松地理解、记忆与掌握物理诊断学相关实践知识。

本书主要包括“实践指导”和“实践报告”两篇。“实践指导”主要用于规范带教教师，便于学生课后反复阅读、练习，而“实践报告”则用于学生完成实践后，归纳、总结、书写实践结论。同时，为了规范全身体格检查考核评分，本书特附全身体格检查考核评分标准及考核情况登记表，便于带教教师和学生参考。本书全体编者尽己所能查阅相关资料，广泛采纳师生意见，力求给读者带来一本科学性、实用性强的物理诊断学实践指导用书，但仍不可避免会存在纰漏之处，敬请各位读者提出宝贵意见，以期进一步完善本教材。

杜　勇　刘新兰

2019 年 12 月

目　录

第一篇　实践指导

物理诊断学实践说明

【实践目的与要求】

1. 掌握系统、全面的体格检查顺序和基本方法。

2. 熟悉各种生理和病理体征，能正确地进行描述、记录，并分析阳性体征的临床意义。

3. 熟悉各系统常见疾病的典型体征，并能解释其发生机制及临床意义。

4. 在实验室及临床实践时，遵守相关规章制度。

5. 应具有高度的责任心，关心被检者，查体时注意使被检者保暖；检查时如果被检者有不适感或病情发生变化，应立即停止检查，并报告带教教师；对检查不合作的被检者，应耐心地做思想工作；对恶性疾病或预后不良的被检者，检查过程中需注意用语得当，避免增加被检者思想负担。

【实践方法】

在实践中应贯彻理论联系实际的原则，努力做到勤实践、多观察、好学习，培养独立从事临床工作的能力。在教师指导下，分组循序进行，并做到下列几点：

1. 课前充分做好预习，了解每次实践的内容、方法与要求，并准备好所需的检查器械。

2. 物理诊断的授课形式为讲习结合式，只有通过反复练习、体会才能掌握检查或操作方法。因此，需先在同学中互相检查，反复练习，基本掌握方法后才能进行临床实践。

3. 本书重点描述检查方法，因此在实践中，应反复对照教材中的有关内容进行学习，不断加深理解，提高诊断疾病的能力。

4. 及时完成实践报告作业，使用恰当的医学术语，病历记录应符合书写要求。

【实践器材】

全套体检工具：听诊器、血压计、体温表、手电筒、压舌板、叩诊锤、直尺等。

实践指导一　体格检查基本方法、一般检查及头颈部检查

【实践目的与要求】

1．掌握体格检查的基本方法。

2．学会并熟练掌握一般状态、皮肤黏膜、淋巴结及头颈部检查的内容、方法及其顺序。

3．熟悉一般状态检查、皮肤黏膜、淋巴结及头颈部检查的判断标准及名词术语，正确描述检查结果。

4．了解正常体征及异常改变的临床意义。

【实践方法】

1．介绍实践目的，组织学生观看相关计算机辅助教学（computer-aided instruction，CAI）课件。

2．教师讲解及示范。

3．学生两人一组进行练习，教师指导。

4．见习一般检查及头颈部检查的相关体征或症状（可 CAI 课件展示及以后临床见习）。

5．教师小结，布置作业。

【实践地点】

临床技能培训中心检体室。

【实践内容】

一、体格检查基本方法

教师示教并讲解间接叩诊方法，其他方法在以后实践课相关内容示教中介绍。

间接叩诊法：方法是将左手中指第二指节紧贴于叩诊部位当叩诊板（板指），其余手指及手掌稍微抬起并离开皮肤。右手各指自然弯曲，以右手中指指端叩向左手中指第二指骨前端。叩击方向应与叩诊板指垂直，叩诊时运用右手腕力，以腕关节及指掌关节的活动为主，避免肘关节及肩关节活动。叩诊动作要迅速、灵活，每次叩击后立即抬起右手中指（富有弹性）。在一个部位只需连续叩击 2 ～ 3 次，如未能获得明确结果，可再连续叩击 2 ～ 3 次，叩击力量应均匀一致，轻重适宜，使产生的音响一致。这种方法又叫指指叩诊法。

二、生命体征的检查

1．体温　测量腋温，将体温计汞柱甩到 35 ℃刻度以下，放置于腋窝 10 min，然后读数、记录。注意测量前擦干腋窝汗液，不要用手触摸体温计汞柱端。

2．呼吸　通过视诊观察胸、腹部运动的频率和节律，要求观察 30 s（节律整齐，若节律不整齐则需观察 1 min），计数呼吸次数，计算每分钟呼吸频率。

3．脉搏　触诊桡动脉，计数 30 s 脉搏次数，计算出每分钟脉搏频率，注意节律、强度。脉律不整则计数 1 min。

4．血压　在被检者安静休息 5 ～ 10 min 后测血压，应避免劳累和任何精神因素的影响。一般多检查右侧肱动脉，仰卧位或坐位检查。打开并松开血压计气阀，检查血压计水银是否在零刻度，触摸肱动脉（肘窝偏尺侧），将袖带底边正中（两胶管之间）对准肱动脉搏动处向上移 2 ～ 3 cm，平整地缠绕固定袖带，检查袖带松紧度（能容纳 1 ～ 2 个手指，无压迫感为松紧度适宜）。血压计放置在与左心房同一水平，仰卧位时与腋中线同一水平，右上肢外展 45°，听诊器膜型体件放置在肱动脉搏动处，左手固定听诊器，右手掌握紧气囊，右手拇指及示指控制气阀并关闭气阀，挤压气囊打气，同时观察水银及水银柱刻度，耳朵听搏动音出现并消失的水银指示刻度处，继续打气使水银柱向上升 20 ～ 30 mmHg，停止打气，并打开气阀放气，控制水银柱匀速下降（以每秒钟 2 mm 为宜），观察水银柱下降在何处时听到肱动脉搏动音，何处搏动音消失或明显减弱。再重复测 1 ～ 2 次，在水银柱下降过程中，听到的第一个声音所示的压力值即为收缩压，此音逐渐增强后又转为柔和的声音，继之性质突然变低沉而很快消失，一般取动脉音消失时的压力值为舒张压，如无明显消失，则取以突然变弱时的压力值为舒张压。多次测量取平均测量值记录，记录为分数格式，分子为收缩压，分母为舒张压，并注明单位“mmHg”或“kPa”（kpa 已很少用）。读数时，先读收缩压，后读舒张压，最后读“mmHg”。

必要时也应测量左上肢及下肢血压。测量下肢血压时取俯卧位，袖带缚于腘窝上方 3 ～ 4 cm 处，听诊器体件按在腘动脉上，测量腘动脉的压力，其余方法同上肢血压测量方法。

三、一般状态

1．发育　通过体格状态（身高、体重）、智力、第二性征与年龄之间的关系判断为正常或不正常。发育正常时，年龄与智力、体格的成长状态、第二性征是均衡的。

通过观察判断被检者的体型：①瘦长型（无力型）者，体高肌瘦，颈细长，垂肩，胸廓扁平，腹上角小于 90°；②肥胖型（超力型）者，体矮健壮，颈粗短，面红，肩平，胸廓宽阔，腹上角大于 90°；③匀称型（正力型）者，体格各部结构匀称适中，腹上角等于 90°，正常人一般多为此型。

2．营养状况　根据皮肤、毛发、皮下脂肪、肌肉发育情况综合判断。检查方法是观察前臂内侧及上臂背侧皮下脂肪的充实程度，营养状态常用良好、中等及不良三个等级来概括：①良好：皮肤光泽、黏膜红润、皮肤弹性良好，皮下脂肪丰满而富有弹性，肌肉结实，指甲、毛发光泽等；②不良：皮肤黏膜干燥、弹性减低，皮下脂肪菲薄，肌肉松弛无力，指甲粗糙、有条纹或凹陷，毛发稀疏无光等；③中等：介于以上两者之间。

3．意识状态　意识是大脑功能活动的综合表现，即对环境的知觉状态。正常人意识清晰，反应敏锐，思维合理，语言清晰，表达能力如常。意识状态的检查方法：①问诊，通过与被检者对话了解其思维、反应、情感活动、定向力（对时间、人物、地点的分析力）。例如：问患者“家住哪里？”“多少岁？”“家里有几个人？”“你现在在哪里？”“现在是什么时间？”“我是做什么工作的？”等等。②做神经系统检查，如对疼痛刺激的反应程度及瞳孔反射、角膜反射、肌腱反射等，以测定意识障碍的程度。意识障碍可分为：嗜睡、昏睡、昏迷、意识模糊、谵妄（详见物理诊断学教材）。

4．表情与面容　正常人表情自然，无病容。通过视诊，观察某些疾病时的特殊面容。表情：淡漠、烦躁不安、痛苦、忧郁等。面容：急性面容、慢性面容、贫血面容、病危面容、二尖瓣面容、肝病面容、肾病面容、甲亢面容、黏液性水肿面容等。

5．体位　是指患病时身体所处的状态，通过临床观察识别以下体位：

（1）自主体位：身体可自由活动不受限制。

（2）被动体位：被检者不能自己调整或变换体位。

（3）强迫体位：患病后为了减轻疾病的痛苦，被检者常被迫采取某种体位。

6．姿势与步态　正常人躯干端正、肢体灵活适度，步态平稳。观察某些疾病时出现的姿势及步态异常。常见异常步态如蹒跚步态、醉酒步态、共济失调步态等。

四、皮肤

检查方法多用视诊，有时还需配合触诊（水肿、皮疹等）才能获得更加清晰的印象。

1．颜色　观察皮肤颜色时，最好在自然光线下进行。应注意毛细血管的分布、血管的充盈度、色素量的多少、皮下脂肪的厚薄等因素的影响。检查时注意有无苍白、发红、发绀、黄染、色素沉着及色素脱失等改变。

2．湿度与出汗　皮肤的湿度与汗腺分泌功能有关，正常人出汗多少除与自主神经功能差异有关之外，尚受到气温、湿度等环境因素影响，通过临床观察了解风湿热、结核病、甲状腺功能亢进等患者的皮肤湿润情况。

3．弹性　皮肤弹性与年龄、营养状态、皮下脂肪厚薄及组织间隙所含液体量有关。检查方法：用示指和拇指将手背或上臂内侧部的皮肤捏起，然后松手，观察松手后皮肤皱褶平复情况，正常人立即平复，皱褶缓慢平复提示弹性减弱。

4．皮疹　正常人通常无皮疹。发现皮疹时，应详细询问，观察并记录其出现与消退的时间、发展顺序、分布、形态（斑疹、丘疹、斑丘疹等参阅物理诊断学教材）、大小、颜色，以及压之是否褪色、平坦或隆起，有无瘙痒、脱屑等。

5．出血点与紫癜　直径小于 2 mm 者为出血点，出血点压之不褪色，此点与红色的皮疹不同，出血点不高出皮面，此点与小红痣也不同；直径 3 ~ 5 mm 者为紫癜；直径 5 mm 以上者为瘀斑；局部有隆起或有波动感者为血肿。

6．蜘蛛痣　好发部位：面部、颈部、前胸及上肢等上腔静脉引流区域的皮肤。检查方法：用大头针背压迫蜘蛛痣中心，其辐射状小血管即褪色，解除压力后又复出现。此征不仅见于急慢性肝炎或肝硬化患者，也可见于健康孕妇。

附：慢性肝病患者手掌鱼际、小鱼际处发红，加压后褪色，称为肝掌。

7．瘢痕　观察并记录其部位、大小及形态等。

8．水肿　检查水肿常用视诊及触诊法。视诊：观察眼睑、眶下、踝部或胫前等部位是否肿胀，重度水肿时须观察外阴部。触诊：用手指压迫踝部或胫前等部位，观察有无凹陷、凹陷深度及恢复情况。胸腹部水肿检查法：用钟型听诊器头压迫水肿部位数分钟后，遗留一圆形凹陷，即为水肿征象。根据水肿程度和范围，可分为轻、中、重三度。

9．毛发　检查时应注意毛发颜色、光泽度、分布、脱落的形式及疏密程度等。

五、淋巴结

临床上一般体格检查只能发现身体各部位表浅淋巴结。常用触诊法，检查顺序为耳前、耳后、枕后、颌下、颏下、颈前、颈后、锁骨上、腋窝、滑车上、腹股沟、腘窝等。应注意淋巴结的大小、数目、硬度、压痛、活动度及有无粘连，局部皮肤有无红肿、瘢痕、瘘管等。还应注意寻找引起淋巴结肿大的原发病灶。正常人可触及直径 0.2 ~ 0.5 cm 的表浅淋巴结，其质地较软、表面光滑、活动、无压痛。

检查方法：利用手指指腹由浅入深进行滑动触摸皮下的淋巴结是否肿大。要使被检者检查部位的皮肤及皮下组织松弛。检查颏下淋巴结时，嘱被检者低头，检查颈部淋巴结时，嘱被检者头稍低，头偏向检查侧；检查锁骨上淋巴结时，嘱被检者取坐位或卧位，头部稍向前屈，用双手进行触诊，左手触被检者右侧，右手触被检者左侧，由浅部逐渐触摸至锁骨后深部；检查腋窝淋巴结时，检查者以右手检查被检者左侧，左手检查被检者右侧，一般先检查左侧，检查者左手握住被检者左腕向外上屈肘外展抬高约 45°，右手指并拢，掌面贴近胸壁向上逐渐达腋窝顶部，滑动触诊，然后依次触诊中央群、胸肌群、肩胛下群，再翻掌向外将被检者外展之上臂下垂，触诊腋窝外侧壁。检查腋窝胸肌群时，应在胸大肌深面仔细触摸。检查肩胛下群时，应在腋窝后壁肌群深面触摸。检查滑车上淋巴结时，右手托扶被检者右前臂，以左手小指抵在肱骨内上髁上，其余三指（示、中、环指）并拢在肱二头肌与肱三头肌间沟中纵行，横行滑动触摸，换手以同法检查左侧。

六、头部

1．头颅 检查应注意头围大小、外形改变及运动异常，小儿注意囟门是否闭合、有无凹陷或膨隆。头围用软尺测量自眉间绕枕骨粗隆的周长。

2．眼

（1）眉：观察眉毛有无稀疏或脱落，尤应注意外 1/3 的改变。

（2）眼睑：注意眼睑有无下垂、水肿或闭合障碍，有无内、外翻及倒睫等。

（3）结膜：检查时须翻转眼睑才能进行，翻转上眼睑的方法为用示指和拇指捏住上眼睑中部的边缘，嘱被检者向下看，此时轻轻向前下方牵拉，然后示指向下压迫睑板上缘，并与拇指配合将睑缘向上捻转，即可将眼睑翻开，翻转眼睑时动作要轻巧、柔和，以免引起被检者的痛苦和流泪。向下牵拉下眼睑，翻转下眼睑检查下睑结膜。嘱被检者向下看，检查双眼上部球结膜。嘱被检者向上看，检查下部球结膜。嘱被检者向左看，检查右侧球结膜。嘱被检者向右看，检查左侧球结膜。检查时，注意观察结膜有无充血、苍白、出血点、颗粒及滤泡等。

（4）眼球：注意眼球有无外突或凹陷、各方向运动是否到位或受限。

突眼的检查：①上睑挛缩征，又名格雷夫征（Graefe 征）。被检者眼球随检查者手指由上向下移动时，上睑不能伴随眼球下旋的速度下垂，使角膜上方的白色巩膜暴露。②突眼不瞬征，又名施特尔瓦格征（Stellwag 征）。由于上睑提肌痉挛，上睑退缩而使两眼突出，瞬目次数减少。③眼球聚合试验，又名 Mobius 征。嘱被检者凝视检查者的右手示指，手指先放在远处约 1 m 之外再缓慢移至被检者的鼻前，此时两眼球均应向内聚合，如不能聚合或聚合能力减弱，即为阳性。④额纹消失试验，又名若弗鲁瓦征（Joffroy 征）。嘱被检者双眼向上看，眼球上视时如额部无皱纹出现则为阳性。

眼球运动检查：检查者右手示指置于被检者眼前 30 ~ 40 cm 处，嘱被检者头部固定，眼球随目标方向移动，一般按左→左上→左下，右→右上→右下六个方向的顺序进行，观察眼球各方向运动是否受限。

眼球震颤检查法：嘱被检者眼球随检查者手指所示的方向（水平或垂直）运动数次，静止凝视，观察眼球是否出现水平、垂直方向的不自主摆动。

（5）巩膜：在自然光线下，观察巩膜有无黄染及黄染程度。

（6）角膜：观察角膜透明度，有无云翳、白斑、软化、溃疡及新生血管等。

（7）虹膜：正常为圆盘形。中央圆孔即瞳孔。亚洲各民族人群虹膜多为棕色。正常虹膜纹理呈放射状排列。在充分明亮光线下观察虹膜有无纹理模糊或消失，颜色是否变淡，虹膜有无裂孔或形态异常等。

（8）瞳孔：在室内自然光线下，正常人瞳孔直径 2 ~ 5 mm，双侧等大等圆。检查时注意瞳孔的形状、大小、双侧是否等大等圆，对光反射及调节反射有无异常等。

对光反射检查法：

①直接对光反射：检查时先令被检者向远方平视，然后用手电筒突然直接照射瞳孔，观察其动态变化。正常人瞳孔受光线刺激后，双侧瞳孔立即缩小；移开光源后瞳孔迅速复原。

②间接对光反射：用左手隔开两眼，用手电筒照射一侧瞳孔，观察对侧瞳孔情况。正常人当一侧受光线刺激后，对侧瞳孔也立即缩小。

集合反射检查法：集合反射包括调节反射和辐辏反射。做该检查时，嘱被检者保持头部不动，双眼注视 1 m 以外的检查者示指，然后将示指迅速移近眼球，距眼球 5 ~ 10 cm 处，正常情况下可见双侧瞳孔缩小，称为调节反射；重复上述检查，但示指移动稍缓慢，正常情况下两侧眼球同时向内侧聚合，称为辐辏反射，又称会聚反射。调节反射可观察瞳孔的缩小，辐辏反射可观察眼球的会聚。

（9）视力：使用近视力表测视力，远视力表测视力在眼科实践时进行。注意根据近视力表标识距离测试并记录检查结果。

3．耳　注意耳廓形态，有无外伤、结节及畸形；外耳道有无疖肿、异常分泌物，乳突有无压痛。

听力检查　粗测法：在安静室内嘱被检者闭目坐位，并用手指阻塞一侧耳道；检查者摩擦手指指腹，自 1 m 以外逐渐移近被检者耳边，直至听到声音为止。听力正常者一般在 1 m 左右处即可听到摩擦声。两侧听力大致相同，精测法需用音叉或电测听进行。

4．鼻　注意外形：鼻是否居中，有无歪斜，鼻梁有无塌陷，有无鼻翼扇动。检查鼻前庭及鼻中隔：检查者将拇指置于被检者鼻尖，其余四指置于额部，以拇指轻轻上推鼻尖，观察鼻前庭有无疖肿，鼻黏膜有无充血、水肿，有无异常分泌物；观察鼻中隔是否居中，注意有无穿孔。鼻通气检查法：检查者用示指或拇指压闭一侧鼻孔，嘱被检者用另一侧鼻孔吸气，同法检查另一侧。

鼻窦压痛检查法：①额窦：一手扶持被检者枕部，另一手示指置于眼眶上缘内侧，适度用力向后向上按压。②筛窦：双手固定被检者两侧耳后，双侧拇指分别置于鼻根部与眼内眦之间向后方按压。③上颌窦：检查者双手固定于被检者的两侧耳后，将拇指分别置于左及右颧部向后按压。

5．口　包括口唇、口腔黏膜、牙齿、舌、咽部及扁桃体、腮腺等，应依次从外向内进行。

（1）口唇：注意色泽，有无苍白、发绀、干燥、皲裂、口唇疮疹、口角糜烂等。

（2）口腔黏膜：检查应在充分的自然光线下或用手电筒照明，借助压舌板进行。观察有无出血点、瘀斑、溃疡、色素沉着等。

（3）气味：有无口臭及其他气味。

（4）牙齿与牙龈：有无龋齿、义齿、残根、残冠及缺牙，如发现，可用牙列格式标明所在部位。注意有无出血、肿胀，牙龈缘有无铅线。用压舌板轻压牙根部检查有无溢脓。牙列格式：

右上	左上
右下	左下

例如：左上第 7 颗及右下第 6 颗牙可见龋洞，可记录为：

	7	龋齿
6		

（5）舌：注意舌质颜色，舌苔情况，舌形态，舌伸出后有无偏斜及震颤。

（6）咽部及扁桃体：被检者坐在椅子上或仰卧位头略后仰，口张大并发“啊”音，此时检查者将压舌板置于舌前 2/3 与后 1/3 交界处迅速下压，在手电筒照明下或充分自然光线下，可见软腭、悬雍垂、腭咽弓、腭舌弓、扁桃体及咽后壁。注意咽部有无充血、红肿、分泌物，咽后壁有无淋巴滤泡增生，扁桃体有无肿大，悬雍垂是否居中。扁桃体肿大程度分三度：Ⅰ度，不超过腭咽弓；Ⅱ度，超过腭咽弓，但不超过咽后壁中线；Ⅲ度，达到或超过咽后壁中线。

（7）腮腺：正常人触不到腺体轮廓，肿大时可见以耳垂为中心的隆起，触之界限不清，注意有无压痛。检查腮腺导管开口处（位于上颌第二磨牙相对的颊黏膜处）有无分泌物。

头颅及器官检查阳性体征的临床意义详见主教材相关内容。

七、颈部

1．外形　被检者取舒适坐位或仰卧位，使颈部处于自然直立状态，观察颈部有无包块，两侧是否对称，有无斜颈。

2．活动度　正常人伸屈及转动自如，注意有无活动受限。颈部活动度检查法：颈前屈、后仰、左右侧弯、左右旋转有无受限。颈抵抗（或称颈强直）检查法：嘱被检者仰卧，去枕，双下肢伸直，检查者以右手轻压胸部，左手置于被检者枕后，轻轻左右转动颈部以除外颈椎或颈部肌肉局部病变，然后做屈颈动作，观察颈部有无抵抗。有抵抗者即为颈强直阳性。

3．血管　以下三种情况均称为颈静脉怒张：被检者立位与坐位时可见明显颈静脉充盈；被检者平卧时颈静脉充盈超过锁骨上缘至下颌角距离的下 2/3 处以上；被检者半卧位 45° 时颈静脉充盈超过锁骨上缘至下颌角距离的下 1/3 处以上时。颈动脉搏动观察：正常情况一般不易见到，仅在剧烈活动，心搏出量增加时可见微弱搏动。如平静状态下观察到颈动脉搏动，为颈动脉异常搏动。对于颈静脉怒张患者，应观察颈静脉有无搏动。颈部大血管杂音检查法：正常情况一般无血管杂音。检查时可用听诊器钟型体件放置于被检者颈动脉、锁骨上窝处，如发现血管杂音，应注意杂音的部位、强度、音调、性质、出现时相和传导方向。杂音一般在收缩期明显，提示该动脉狭窄。

4．甲状腺　检查方法：

（1）视诊：甲状腺有无肿大，肿大程度及对称性。检查时，嘱被检者做吞咽动作，可见肿大的甲状腺随吞咽动作上下移动，以此可与其他颈部肿块鉴别（图 1-1）。

（2）触诊：触诊能明确甲状腺的轮廓及病变的性质，包括甲状腺峡部及侧叶的检查。配合吞咽动作触诊喉结，以确定甲状软骨位置。

①甲状腺峡部：甲状腺峡部位于环状软骨下方第二至第四气管环前面。检查者站于被检者前面用拇指，或站在被检者后面用示指从胸骨上切迹向上触摸，可判断气管前软组织有无增厚。嘱被检者吞咽，可触及软组织在手指下滑动，判断有无肿块（图 1-2）。

②甲状腺侧叶

前面触诊：检查者一手拇指施压于被检者一侧甲状软骨，将气管推向对侧，另一手示、中指在对侧胸锁乳突肌后缘向前推挤甲状腺侧叶，拇指在胸锁乳突肌前缘触诊，配合吞咽动作，重复检查，可触及被推挤的甲状腺（图 1-3）。用同样方法检查另一侧甲状腺侧叶。

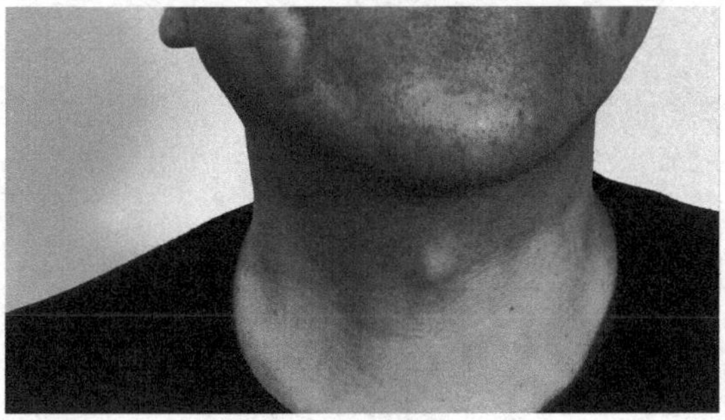

图 1-1　甲状腺视诊

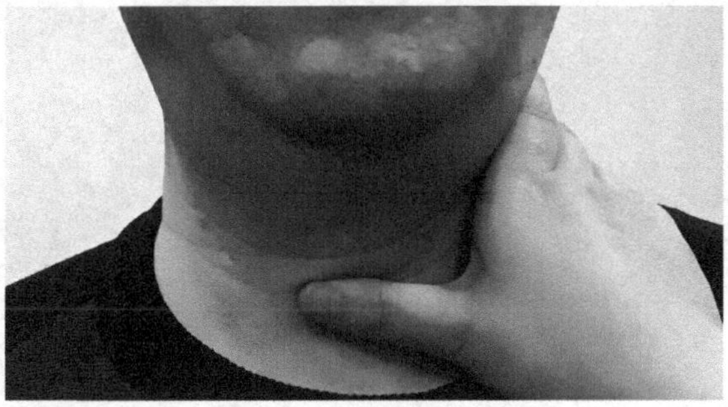

图 1-2　触诊甲状腺峡部

后面触诊：检查者一手示、中指施压于被检者一侧甲状软骨，将气管推向对侧，另一手拇指在对侧胸锁乳突肌后缘推挤甲状腺，示、中指在胸锁乳突肌前缘触诊甲状腺。配合吞咽动作，重复检查（图 1-4）。用同样方法检查另一侧甲状腺侧叶。

（3）听诊：当触及甲状腺肿大时，将听诊器体件放在肿大的甲状腺上，如听到动脉收缩期杂音及低调的连续性静脉“嗡鸣”音，对诊断甲状腺功能亢进症很有帮助。

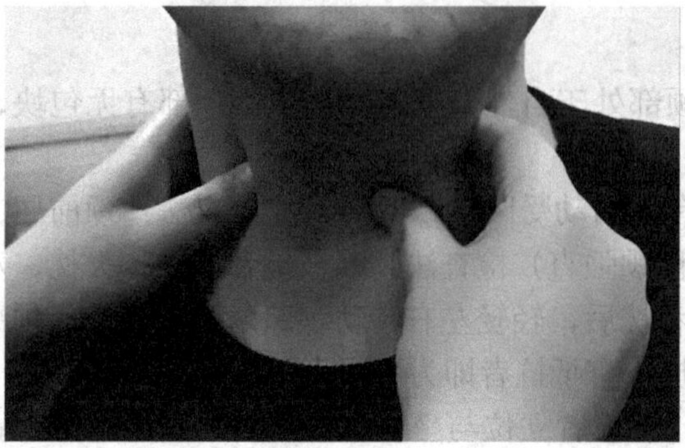

图 1-3 触诊甲状腺侧叶（前面）

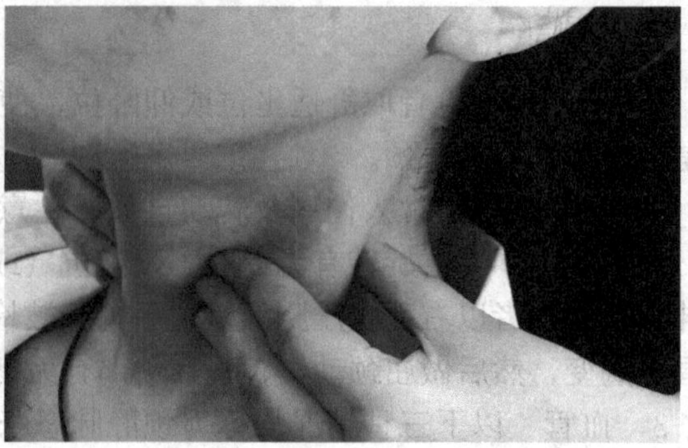

图 1-4 触诊甲状腺侧叶（后面）

(4) 甲状腺肿大：可分为三度：不能看出肿大但能触及者为Ⅰ度；能看到肿大又能触及，但在胸锁乳突肌以内者为Ⅱ度；超过胸锁乳突肌外缘者为Ⅲ度。

(5) 临床意义：甲状腺肿大可见于甲状腺功能亢进、单纯性甲状腺肿、甲状腺癌、慢性淋巴性甲状腺炎（桥本甲状腺炎）、甲状腺腺瘤等。

5. 气管　检查方法：被检者取舒适坐位或仰卧位，使颈部处于自然直立状态：①检查者右手示指与环指分别置双侧胸锁关节上，中指轻轻置于气管上，观察中指是否在示指与环指中间，若距离不等则提示气管移位。②检查者将示指与环指分别置于两侧胸锁关节上，然后将中指分别放置于气管与胸锁乳突肌之间的间隙，观察比较两侧间隙是否一样宽，以判断气管是否居中或移位。如果两侧间隙不一致，哪侧间隙窄，气管就向该侧移位。

临床意义：正常人气管位于正中，大量胸腔积液或气胸时，可使气管移向对侧；肺不张、单侧胸膜粘连时气管移向患侧。

【教师小结，布置作业】

1. 反复按顺序练习本次课程操作内容，方法正确，直至熟练。
2. 书写实践报告，提交任课教师批改。

（孟高克　张海霞　孙柳君）

实践指导二　正常胸部检查

【实践目的与要求】

1．了解胸部的体表标志、人工划线及分区。

2．掌握肺部视、触、叩、听诊的检查内容、方法、顺序，并能区分清音、浊音、实音、过清音及鼓音，肺泡呼吸音、支气管呼吸音、支气管肺泡呼吸音的特点及正常分布。

3．熟悉胸廓、胸壁、肺正常状态及生理变异，常见阳性体征的临床意义，并正确描述检查结果。

【实践方法】

1．介绍实践目的，组织学生观看相关CAI课件。

2．教师讲解及示范。

3．学生两人一组练习，教师指导。

4．教师小结，布置作业。

【实践地点】

临床技能培训中心检体室。

【实践内容】

一、胸部的体表标志、人工划线及分区

1．前胸壁的骨骼标志

胸骨角：胸骨柄与胸骨体相连处的横向突起。此角分别与左、右第2肋骨相接，为前胸计数肋骨的主要标志，也标志着气管分叉处及心房上缘和第5胸椎水平。

其余标志有肋弓最低点、剑突、乳头等。

2．背部的骨骼标志

肩胛骨：肩胛棘和肩胛下角。当两臂自然下垂时，肩胛下角平第7肋间隙水平或第8胸椎水平，可作为计数背部肋骨的标志。

脊椎棘突：第7颈椎棘突明显突出，由此计数胸椎。

3．胸部体表划线　前正中线、锁骨中线、腋前线、腋中线、腋后线、肩胛下角线、后正中线。

4．胸部的自然凹陷及分区　腋窝、胸骨上窝、锁骨上窝、锁骨下窝、肩胛上区、肩胛间区、肩胛区、肩胛下区。

了解上述体表标志、人工划线及分区的意义在于可以将被检者的症状及体征进行准确定位。

二、胸部检查

（一）视诊

1．胸廓形态　正常人胸廓外形两侧对称，成年人前后径与左右径之比约为1∶1.5。观察有无扁平胸、桶状胸、鸡胸等，观察胸廓有无一侧或局部凹陷、隆起以及脊柱、肋骨、肋间隙情况。

2．胸壁　有无静脉曲张，有无皮疹、蜘蛛痣、瘢痕等。

3．呼吸运动　嘱被检者端坐或平卧，进行自然呼吸，检查者面对被检者胸部进行观察。嘱被检者解开裤带，便于更好地观察腹式呼吸。观察内容：呼吸运动（胸式、腹式），呼吸深度、频率（以每分钟计）、节律、吸气相与呼气相的长短，辅助呼吸肌活动的强弱，胸廓扩张度两侧是否相等以及有无增强或减弱。

（二）触诊

1．胸部压痛　用手掌轻压胸壁，检查有无皮肤、肌肉、胸骨、锁骨、肋骨及神经等触痛。

2．胸廓扩张度　方法：检查者将左右拇指沿肋缘对称放置于剑突两侧，手掌和四指轻贴于下侧胸部。嘱被检者做深呼吸，观察双手拇指随呼吸运动而向两侧移动有无差别，正常情况下双手拇指移动一致，说明两侧呼吸动度一致。由上而下逐渐检查。

3．语音震颤　用双手掌或手掌尺侧缘轻放于被检者胸壁的对称部位，嘱被检者重复发“一、二、三”或拉长声发“一”音，此时在胸壁上可触及由声波所产生的振动，即为“语音震颤”，又称“触觉语颤”。由上而下依次检查，注意两侧对称部位的语颤是否相等，有无一侧或局部语颤增强或减弱。

注意：①触诊时不可将两手强压在胸壁上。②正常人胸壁前、后、上、下语颤不相同，故强调两侧对称部位的对比。右胸上部语颤因右肺靠近气管且右支气管较粗短而比左胸上部语颤稍强。③为排除检查者双手感觉可能存在敏感度差异而导致的判断错误，检查时应将双手交叉检查同一对称部位，从而消除敏感度差异。

4．胸膜摩擦感　将手掌或手掌尺侧缘平贴于胸壁，嘱被检者做深呼吸，有无触及胸膜摩擦感，其特点类似两片皮革互相摩擦的感觉，常出现于腋中线下部胸壁，可见于纤维蛋白素性（干性）胸膜炎。

（三）叩诊

1．方法

（1）直接叩诊法：将右手中间三指并拢，直接拍击被检者胸壁，借助叩击的反响和指下的振动感来判断病变情况。适用于肺部病变较广泛时，如大量胸腔积液、气胸等，用此法来确定病变在哪一侧及其大致范围。

（2）间接叩诊法：双侧胸部叩诊时，板指一般应与肋骨平行，紧贴于肋间隙。但是肩胛间区叩诊时，板指与脊柱平行；肺尖宽度（Kronig 峡）叩诊时，应从斜方肌前缘中部开始，逐渐向外，然后再向内。

2．体位　患者一般取坐位或卧位。取坐位时，患者端坐，全身肌肉放松，两手自然下垂。检查前胸时，胸部应稍向前挺；检查腋下时，宜将该侧手臂举起置于头上；检查背部时，身体稍向前弯，头略低，将两手交叉抱肩或抱肘。取卧位时，须嘱患者随时变换体位，以便于对比叩诊。

3．顺序　自肺尖开始，自上而下，逐个肋间进行叩诊，同时左右对比。坐位时，先叩诊前胸，再叩诊背部及两侧胸部。卧位时，先叩诊前胸，然后侧卧位叩诊背部及侧胸部，或先叩诊前胸、侧胸，再坐位叩诊背部。

4．注意事项　①叩诊时环境应安静，充分暴露叩诊部位。②检查者的位置应便于检查。③由于叩诊音与用力大小有很大关系，因此，叩诊时应根据胸壁组织的厚薄、病变范围及深浅不同而使用不同的力量叩诊，根据叩诊音、叩击部位震动感的强弱来判断病变情况。④比较左右两侧对称部位的叩诊音时，应排除体腔内脏器（如心脏、肝、胃泡）的影响而造成误差。

5．叩诊内容

（1）正常肺部叩诊音：正常为清音。生理情况：①肝浊音区上界为右侧锁骨中线第4～6肋间隙，多为第5肋间隙；②心浊音区（见心脏叩诊）；③脾浊音区为左腋中线第9～11肋间隙，但有时因胃内有气体而不易叩出；④特劳伯（Traube' s）区位于左前胸下部肋缘以上，约呈半圆形，因胃内含气而叩诊呈鼓音，此区范围大小依胃泡内含气量多少而改变。

（2）肺上界：即肺尖（Kronig峡）的宽度，自斜方肌前缘中部开始叩诊，叩诊音为清音，逐渐向外叩诊，当变为浊音时做记号，然后再回到斜方肌前缘中部，逐渐向内叩诊，直到变为浊音时做记号，测量此清音带的宽度即为肺尖的宽度，正常4～6 cm。

（3）肺下界：被检者坐位平静呼吸，在锁骨中线、腋中线及肩胛线上，分别自上而下进行叩诊，当清音变为浊音时，即为肺下界在该线上的位置，正常情况下分别位于第6、8、10肋间隙，左右两侧大致相同。

（4）肺前界：正常右肺前界与胸骨右缘一致，左肺前界为心脏绝对浊音区左缘。

（5）肺下界移动度：平静呼吸时在肩胛线叩出双侧肺下界；嘱被检者深吸气后屏住呼吸，这时肺下界应下降，快速继续向下叩出新的肺下界，用笔做标记；嘱被检者平静呼吸，再深呼气后屏住呼吸，这时肺下界应上升，快速自肩胛线第7肋间向下叩出新的肺下界，用笔做标记；测量两个标记点之间的距离，即为“肺下界移动度”，正常6～8 cm。同法测量另一侧。

（四）听诊

1．注意事项　①仔细检查听诊器，如管腔是否通畅，皮管有无破损，听诊器体件有无松动、音膜有无破裂。②听诊器耳件方向应弯向前内，与外耳道方向一致。③听诊器体件应紧贴胸壁，中间不得有间隙和有任何物体相隔（如衣服）。④被检者体位舒适、肌肉松弛，环境安静、温暖，听诊器体件也应温暖。

2．体位　听诊时被检者取坐位或卧位。

3．方法　听诊时嘱被检者平静而均匀呼吸，必要时做深呼吸或咳嗽几声后立即听诊。一般由肺尖开始，自上而下，由前胸到两侧及背部，逐一沿肋间隙，左右对称部位进行对比听诊。

4．内容

（1）正常呼吸音：正常肺部可听到支气管呼吸音、肺泡呼吸音、支气管肺泡呼吸音三种。听诊呼吸音时应注意其强度、高低、性质及呼吸时相的长短等。支气管呼吸音：其特点为呼气时的声音较吸气音时间长、响度强、音调高。其呼气音很像抬高舌体呼气时所产生的“哈”音。在正常人喉部、胸骨上窝和背部第6、7颈椎及第1、2胸椎附近可听到此音。肺泡呼吸音：其特点是吸气音较呼气音时间长，吸气时，响度强，音调高，类似上齿抵下唇吸气时发出的“夫”音，声音为柔和的吹风样性质，在正常肺组织都可听到。支气管肺泡呼吸音：此音特点是呼气音的性质与支气管呼吸音相似，但音响较弱，音调较低。吸气音性质与肺泡呼吸音相似，但音响较强，音调较高，呼气与吸气时相约相等。正常人在胸骨角及肩胛间区第3、4胸椎水平可听到此音。

（2）异常呼吸音：病房见习。注意判断肺泡呼吸音是否出现减弱或消失、增强、粗糙、断续、呼气相延长等情况，判断是否在肺泡呼吸音部位听到了支气管呼吸音（管音）或支气管肺泡呼吸音。

（3）啰音：病房见习。正常情况下不存在。分为湿啰音和干啰音。注意区分细湿啰音、粗湿啰音以及哮鸣音、鼾音、喘鸣音，详见教材相关内容。

（4）语音共振：嘱被检者按照平时谈话的音调数“一、二、三”，同时用听诊器在胸壁上可以听到柔和而模糊的声音，即为语音共振。用耳语音量则为“耳语音”，其临床意义同触觉语颤，详见教材相关内容。

（5）胸膜摩擦音：病房见习。将听诊器体件平贴于胸壁，嘱被检者做深呼吸，判断有无胸膜摩擦音，正常情况下不能闻及，如闻及，其临床意义同胸膜摩擦感。

【教师小结，布置作业】

1. 按顺序熟记胸部检查内容并反复练习胸部体检方法，达到熟练掌握的程度。
2. 说出胸部检查表现、各种正常叩诊音及呼吸音的特点及分布范围。
3. 书写实践报告，提交任课教师批改。

（刘新兰　吴庆秋）

实践指导三　呼吸系统常见症状及体征

【实践目的与要求】

1．掌握胸廓、肺各种病理体征，并学会其检查方法。

2．了解胸廓、肺病理体征的发生机制及其临床意义。

3．根据现有患者安排见习内容，干湿啰音、胸腔积液等常见体征为重点见习内容。受实际情况所限，无法见习到教材中全部阳性体征。

【实践方法】

1．课前先由教师选好具有典型胸部阳性体征的患者；授课时教师介绍授课目的、要求及注意事项，在教师指导下分组实践；学生先通过问诊，了解不同呼吸系统疾病常见症状特点；再按视、触、叩、听诊检查方法重点检查肺部阳性体征。

2．结合患者讨论各种阳性体征的发生机制、特点及其临床意义。

3．教师小结、布置作业。

【实践地点】

呼吸内科病房。

【实践内容】

1．大叶性肺炎或其他肺实变。

2．胸腔积液。

3．慢性支气管炎、阻塞性肺气肿、肺心病。

4．其他呼吸系统阳性体征。

围绕主要症状按问诊内容及方法要求由学生代表问诊及查体，查体内容及方法同正常胸部检查，其他同学补充问诊。阳性体征每个学生均应体验。

（1）一般状态：仔细观察患者的意识状态，有无嗜睡、昏睡、昏迷及意识模糊、谵妄；面容表情，有无急性病容、慢性病容；体位，有无半卧位、端坐位；口唇是否发绀等。

（2）胸廓、胸壁、肺部视、触、叩、听诊检查，方法及内容同正常胸部检查，重点是分辨胸廓异常、呼吸动度异常、异常叩诊音、异常呼吸音、干湿啰音等阳性体征。

（3）结合病史、体征等临床资料，教师组织并启发引导学生进行分析讨论，教师总结。

【教师小结，布置作业】

1．根据学生课堂表现中的问题布置作业。

2．课后记录实践报告。

（刘新兰　吴庆秋）

实践指导四　正常心脏及血管检查

【实践目的与要求】

1．掌握心脏的检查内容、方法及顺序，了解其正常状态与生理变异。

2．掌握心脏浊音界的叩诊及心界测量方法，第一、二心音的特点与辨别方法。

【实践方法】

1．观看 CAI 光盘。

2．教师作查体示教，指出本次实践中的关键问题。

3．同学分组互相检查，教师巡回指导。

4．教师小结，布置作业。

【实践地点】

临床技能培训中心检体室。

【实践内容】

一、视诊

检查者站在被检者右侧，视线保持与被检者胸廓同一水平。

（一）胸部外形

正常人心前区无隆起或下陷。

（二）心尖冲动

观察心尖冲动时，应注意其位置、强度、范围、节律及频率。

正常人端坐位时心尖冲动位于胸骨左缘第 5 肋间，左锁骨中线内 0.5 ～ 1 cm 处，搏动范围直径 2.0 ～ 2.5 cm。体位改变时，如仰卧位、左侧卧位、右侧卧位，心尖冲动可有一定的变异。正常人有少数看不到心尖冲动。

二、触诊

（一）方法

嘱被检者取坐位、仰卧位或半卧位，身体无倾斜。检查者将右手掌尺侧或示指、中指和环指并拢以指腹端置于被检者心前区进行触诊，其压力应适中，压力过大可影响振动的传导和手掌的敏感性。

（二）内容

1．心尖冲动　用触诊可进一步证明视诊所见的心尖冲动及其他搏动，并能确定搏动部位及范围。心尖冲动的凸起冲动，标志着心室收缩的开始，下落冲动标志着舒张期的开始。故可利用触诊心尖冲动来确定第一、二心音，以及附加心音、杂音和震颤出现的时间；可利用触诊心尖冲动帮助诊断心脏是否增大或发生移位；当心脏病患者并发肺、胸膜或腹腔疾病，仅用叩诊不能确定心脏形状时，心尖冲动的触诊更为重要。所以，心尖冲动触诊的检查方法必须重视。

2．震颤　又称“猫喘”。正常人的心前区触不到震颤。

3．心包摩擦感　正常人无心包摩擦感。其触诊部位一般在胸骨左缘第 4 肋间，如触及心包摩擦感提示被检者患有心包炎。

三、叩诊

（一）方法

嘱被检者取仰卧位或坐位，做平静呼吸，用间接叩诊法叩诊。若被检者坐位，叩诊板指可与肋间垂直；若被检者仰卧位，则叩诊板指与肋间平行。叩诊力度应均匀一致，叩诊一般宜轻，胸壁厚者可稍加用力。叩诊顺序是：由外到内，自下而上，先左后右。左心界自心尖冲动最强点外 2 ～ 3 cm 处开始，沿肋间由外向内逐步移动叩诊，每次移动距离 0.5 cm，叩诊音由清音变为浊音处可确定为心浊音界，并沿其末端指节横纹与胸壁接触之点用笔作一标记。然后由下而上逐一肋间叩至第 2 肋间并予标记。再叩诊右心界，先在右锁骨中线自上而下逐一肋间叩诊，当叩诊音由清音变为浊音处为肝上界，从其上一肋间（多为第 4 肋间）开始，由下而上分别在第 4、第 3、第 2 肋间由外向内叩出浊音界并予标记。左、右相对浊音界叩出后，用两把直尺测出每个肋间浊音界标记点至前正中线的垂直距离，再测出左锁骨中线至前正中线的距离，并做记录。

（二）内容

1．心脏相对浊音界　反应心脏的实际大小和形状。心脏相对浊音界正常范围及记录格式见表 4-1。

表 4-1　心脏相对浊音界正常范围

右界（cm）	肋间	左界（cm）
2 ～ 3	第 2	2 ～ 3
2 ～ 3	第 3	3．5 ～ 4.5
3 ～ 4	第 4	5 ～ 6
	第 5	7 ～ 9

注：左锁骨中线距前正中线 8 ～ 10 cm

注意：在正常儿童或瘦长体型者，第 5 肋间心脏左界虽小于 9 cm，但超过左锁骨中线以外时，仍属心脏向左扩大；在矮胖体型者，第 5 肋间心脏左界虽大于 9 cm，但未超过左锁骨中线者，仍属正常大小，故必须注明左锁骨中线距前正中线的距离。表中为正常范围，实际记录应为测量患者的具体数值。

2．心浊音界叩诊的临床意义　详见教材相关内容。

四、听诊

心脏听诊是心血管系统物理诊断中可获取信息最多、最重要和较难掌握的诊断方法。在实践中应反复体验，力求准确掌握。

心脏听诊注意事项同肺部听诊，此外，听诊器应备有钟型及膜型体件。

（一）体位

被检者取坐位或仰卧位，必要时可变换体位以利于听诊，如左侧卧位。

（二）心脏听诊区

1．二尖瓣听诊区　位于心尖冲动最强处，又称心尖区。

2．肺动脉瓣听诊区　位于胸骨左缘第 2 肋间。

3．主动脉瓣听诊区　位于胸骨右缘第 2 肋间。

4．主动脉瓣第二听诊区　位于胸骨左缘第 3 肋间。

5．三尖瓣听诊区　位于胸骨左缘第 4、5 肋间。

（三）听诊顺序

不同瓣膜所产生的心音或杂音，分别在相应的听诊区听得最清楚。为使听诊能突出重点又不致遗漏，临床多习惯以逆时针方向顺序依次听诊：二尖瓣听诊区→肺动脉瓣听诊区→主动脉瓣听诊区→主动脉瓣第二听诊区→三尖瓣听诊区。

（四）听诊内容

听诊内容包括心率、心律、心音、额外心音、杂音及心包摩擦音等。

1．心率　正常成人心率 60 ~ 100 次 / 分，一般听 30 s 计数心音次数，乘以 2 计算每分钟心率即可。但在心率较慢或节律不整齐时，应听 1 min 心脏搏动次数来计数心率。

2．心律　正常人心律规则，但部分青少年心律可随呼吸运动出现周期性改变，吸气时心率加快、呼气时减慢，此为窦性心律不齐，一般无临床意义。

3．心音　心音有四个，按出现的先后顺序称为第一心音、第二心音、第三心音、第四心音。通常听到的是第一心音、第二心音，第三心音在儿童及青少年时期易听到，第四心音一般听不到。第一心音主要由二尖瓣、三尖瓣骤然关闭时的振动产生，故它的出现标志着心室收缩的开始。第一心音以后、第二心音之前为收缩期。第二心音主要是由肺动脉瓣、主动脉瓣关闭的振动所产生，故它的出现标志着心室舒张的开始。第二心音之后，下一个第一心音之前是舒张期。准确地确定第一心音及第二心音，对于正确地判断心室的收缩期或舒张期，从而确定异常心音和杂音是在收缩期或是舒张期，确定第一心音或第二心音是否有异常改变，判定第一、第二心音之间的关系等都有重要意义，因此准确区分第一、第二心音是心脏听诊中最重要的一环。

第一心音与第二心音的区别：

（1）第一心音在心尖部最响，第二心音在心底部最响。

（2）第一心音音调较低且持续时间较长，约 0.1 s；第二心音音调较高且持续时间较短，约 0.08 s。

（3）第一心音与心尖冲动、颈动脉搏动一致，第二心音则在心尖冲动与颈动脉搏动之后。

（4）第一心音与第二心音之间间隔时间（收缩期）较短，第二心音与下一心动周期的第一心音间隔（舒张期）时间较长。

当心率过快，心音有异常改变时，第一心音与第二心音的主要区别在于第（1）（2）（3）点。

第三心音音调低、强度弱且持续时间短，约 0.04 s，酷似第二心音的回音；在心尖部或其内上方较清楚；仰卧位、呼气时较清楚，或者由直立位转变为卧位后更清楚。第三心音明显增强，心率加快时为病理性第三心音，称室性奔马律或舒张早期奔马律。

第四心音出现于第一心音前 0.1 s，音调低钝、强度弱。第四心音几乎均为病理性，嘱患者左侧卧位，紧按钟型体件有助于分辨。

听诊心音时要注意第一心音、第二心音有无增强、减弱、分裂、附加心音（奔马律等）。两个房室瓣关闭不同步，听到两个第一心音称为第一心音分裂；两个半月瓣关闭不同步，听到两个第二心音称为第二心音分裂。

4．杂音　正常人在心尖区或肺动脉瓣区可听到 1 ~ 2 级柔和的吹风样收缩期杂音。心脏杂音对心脏瓣膜病的诊断有重要意义。详见教材相关内容及心脏病理体征见习。

5．心包摩擦音　正常心包脏层、壁层光滑，之间有少量心包液，心脏跳动时，无心包摩擦音。当心包有炎症而使两层心包变粗糙时，可产生心包摩擦音，听诊部位心前区最明显。

五、血管检查

1．脉搏　检查脉搏主要用触诊，触诊内容包括脉率、节律、强弱、紧张度和双侧是否对称。

2．血压　测量方法见物理诊断学主教材第三篇第二章“一般检查”。

3．周围血管征

（1）毛细血管搏动征：轻压被检者甲床末端，如见到与心搏同步的红、白交替的节律性微血管搏动现象，称为毛细血管搏动征。

（2）枪击音：将听诊器膜型体件紧贴股动脉或肱动脉，可闻及与心搏一致短促如射枪的声音。

（3）水冲脉：将被检者手臂高举过头，握紧其手腕掌面，可明显触及犹如水冲的脉搏。

以上体征统称为周围血管征，见于主动脉瓣关闭不全、甲状腺功能亢进等。

【教师小结，布置作业】

1．按顺序熟记心脏和血管检查内容并反复练习，达到熟练掌握的程度。

2．书写实践报告，提交任课教师批改。

（陈中青）

实践指导五 循环系统常见症状及体征

【实践目的与要求】

1．掌握心脏各类病理体征的检查方法和临床意义。

2．掌握心脏杂音的听诊要点，并能区别收缩期杂音、舒张期杂音及连续性杂音，了解常见心脏杂音的临床意义，掌握心音改变的特点及临床意义。

3．熟悉血管病理体征的检查方法及其临床意义。

4．了解心包积液、心功能不全的症状、体征及其检查方法。

【实践方法】

1．教师提前选好具有心血管体征的患者；向学生介绍本次见习目的、要求、注意事项、内容，由教师带领学生实践；学生分组问诊并检查患者，教师巡回指导。

2．教师提出重点内容和普遍存在的问题，组织学生分析讨论。

3．教师总结，结束后学生写出实践报告。

【实践地点】

心内科病房。

【实践内容】

1．典型风湿性心瓣膜病。

2．典型原发性高血压（有 A_2 亢进、左心肥大等体征）。

3．心律失常。

4．其他心脏和血管典型体征。

【教师小结，布置作业】

1．根据学生课堂表现中的问题布置作业。

2．课后记录实践报告。

（陈中青）

实践指导六　正常腹部、脊柱、四肢检查

【实践目的与要求】

1．了解腹部的体表标志及分区。

2．学会腹部检查的顺序及方法，掌握触诊方法。

3．熟悉腹部检查的正常状态及阳性体征的临床意义。

4．掌握脊柱及四肢的基本检查内容及方法。

【实践方法】

1．教师介绍实践目的与要求、实践内容，播放腹部检查 CAI 课件。

2．教师示教腹部检查及脊柱四肢检查并讲解难点。

3．学生分组互相检查，重点练习腹部触诊法，教师巡回指导。

4．实践结束前教师进行小结，并布置作业。

【实践地点】

临床技能培训中心检体室。

【实践内容】

一、腹部检查

检查顺序为视、听、叩、触诊，记录顺序为视、触、叩、听诊。由于叩诊和触诊会刺激肠道引起肠鸣音亢进，故调整检查顺序。

（一）体表标志及分区

1．体表标志　前面体表标志有：胸骨剑突、肋弓下缘、脐、腹直肌外侧缘、腹中线、髂前上棘、耻骨联合。后面体表标志有：第 12 肋骨、腰椎棘突、肋脊角（背部两侧第 12 肋骨与脊柱的交角）等。

2．腹部分区

(1) 四分法：以脐为中心划纵横两条线，将腹部分为左、右上腹及左、右下腹。

(2) 九分法：两条水平线：上水平线为双侧肋弓下缘连线，下水平线为双侧髂前上棘连线。两条垂直线：左、右髂前上棘至前正中线连线的中点作垂线，分为左、右上腹部（左、右季肋部），左、右中腹部（左、右腰部），左、右下腹部（左、右髂部），上腹部，中腹部（脐部），下腹部（耻骨上部），应熟悉各部所含腹内脏器。

（二）视诊

1．注意事项

(1) 室内应温暖，嘱被检者排空膀胱，仰卧位，充分暴露全腹部，平静呼吸，使腹壁放松。

(2) 检查者应在被检者的右侧，按一定顺序从不同角度和方向进行全面细致的观察。

(3) 光线要充足适宜，以自然光为好，便于观察肠型及包块。一般是自上而下，有时为了

查出细小隆起或蠕动波，检查者视线需降低至与腹平面持平，自侧面呈切线方向观察。

2．内容

（1）腹部外形：正常人腹部平坦或稍凹陷，两侧对称，小儿或体胖者腹部饱满。

（2）腹式呼吸：观察腹式呼吸运动有无增强及减弱。

（3）腹壁皮肤与腹壁外观：有无皮疹、色素沉着、腹部条纹、腹部体毛、瘢痕、包块，以及脐、腹壁静脉情况等。腹壁静脉：正常人看不清楚腹壁静脉，但在腹壁皮肤菲薄而松软，肤色较白者可隐约见到，但血流方向正常。腹壁静脉血流方向检查方法：在脐上、下各选择一段没有分支的静脉，检查者将右手示指和中指并拢压在该段静脉上，然后将示指沿着静脉紧压而向外移动，将静脉中的血液挤走，到一定距离后放松示指，中指始终紧压静脉。如果这一段挤空的静脉很快充盈，则血流方向是从示指一端流向中指一端。相反方向再做一遍，如血流充盈很慢，则进一步证实血流是从示指方向流向中指方向。正常的静脉血流方向是：脐以上，自下而上；脐以下，自上而下。如出现腹壁静脉曲张，脐上、下血管血流均向上，说明下腔静脉梗阻；如脐上、下血管血流均向下，说明上腔静脉梗阻；方向不变为门静脉梗阻。

（4）胃肠型和蠕动波：检查者的视线与患者腹平面持平，观察有无蠕动波。正常人一般看不见，但皮肤菲薄或消瘦者有时可见。胃肠型及蠕动波见于幽门梗阻或肠梗阻。

（5）上腹部搏动：瘦型正常人上腹部搏动多由腹主动脉搏动传导而来。

（三）触诊

1．注意事项

（1）被检者取仰卧位，两腿屈曲并稍分开，张口做腹式呼吸，使腹肌松弛，检查脾时，可取右侧卧位；检查肾时，可取坐位或立位。

（2）检查者位于被检者右侧，检查时手掌要温暖，手掌应与被检者腹壁保持平面位置，动作要轻柔，缓缓用力、由浅入深，由健康部位开始，逐渐移向病变区，边检查边注意被检者表情及反应，同时应作好解释工作，采用提问等方式来转移被检者注意力，以减轻腹肌紧张。正常腹部触诊一般从左下腹开始，逆时针方向至右下腹，再至脐部；也有从左下腹开始，依次左中腹部、左上腹部、中腹部、下腹部、右下腹部、右中腹部、右上腹部呈 S 顺序。

2．触诊方法

（1）浅部触诊法：用全手掌轻轻在腹部表浅部位，利用掌指关节和腕关节的弹力，柔和地进行滑动触摸，借以了解腹壁紧张度、有无压痛及包块，同时使被检者适应检查，为进行深部触诊创造有利条件。

（2）深部触诊法：用一手或两手重叠，由浅入深，逐渐增加压力，借以扪清腹内病变和脏器情况。深部触诊法一般有以下几种：

①深部滑行触诊法：检查时嘱被检者张口平静呼吸，触诊的手伴随腹式呼吸，随着腹壁的起伏而升降，同时以并拢的第 2、3、4 指末端逐渐压向腹腔的脏器或包块，当触及脏器或包块时，手指连同该处的腹壁皮肤一起做上下、左右的滑动触摸，并检查脏器或包块随呼吸变化而活动的情况。如果是肠管或条索状包块，应作与长轴垂直方向的滑动触摸。此法常用于腹腔深部包块和胃肠病变的检查。

②双手触诊法：将左手置于被检查脏器或包块的某一部位（如后面），使该脏器或包块固定，并将其推向右手方向，配合右手进行触诊。此法常用于肝、脾、肾及腹腔肿物的触诊。

③深压触诊法：以 1 ～ 2 个手指逐渐深压，探测腹部深部病变的位置，确定有无压痛及压痛点。在深压的基础上，迅速将手松开，若疼痛加剧即为反跳痛，正常人无压痛及反跳痛。

④冲击触诊法：又称浮沉触诊法，以右手 3 ～ 4 个并拢的手指，取适当角度，以指尖或手指末端的掌面置于腹壁的相应部位，做数次急速而有力的冲击动作，但应避免用力过猛，此时可以触及欲探查的脏器或包块。此法常用于大量腹水时肝、脾及腹腔包块的触诊。

3．触诊内容

(1) 腹壁紧张度：一般用浅部触诊法，正常人腹壁柔软。

(2) 压痛及反跳痛：采用浅部及深部触诊法，正常人无压痛或反跳痛。

(3) 腹部包块：多采用双手触诊法。正常人无包块，但以下情况可触及：

①瘦长型、经产妇或内脏下垂者的右肾下缘、肝下缘。

②腹壁薄而松软者的第 3 ~ 5 腰椎椎体及搏动的腹主动脉。

③左下腹乙状结肠内的粪块。

(4) 液波震颤：检查时被检者平卧，检查者一手掌面贴于被检者一侧腹壁，另一手四指并拢屈曲，用指端叩击对侧腹壁，如有大量液体存在，则贴于腹壁的手掌有被液体波动冲击的感觉。为防止腹壁本身的震动传至对侧，可将被检者手掌尺侧缘压于脐部腹中线上。一般 3000 ~ 4000 ml 腹水才能查出。

(5) 振水音：嘱被检者仰卧位，将听诊器体件放于上腹部或将耳凑近腹部，用稍弯曲的手指在被检者上腹部作连续迅速的冲击动作，或用两手左右摇晃被检者上腹部，如听到胃内气体与液体相互撞击的声音即为振水音。正常人进食较多的液体后可检出此征。如在空腹或餐后 6 ~ 8 h 仍有此征，则提示胃内液体潴留，考虑幽门梗阻。

(6) 肝触诊

①方法

a．双手触诊法：被检者取仰卧位，两膝关节稍屈曲。检查者位于被检者右侧，用左手托住被检者右侧胸及右腰部，左手拇指固定于右肋缘。右手掌平放于被检者右侧腹壁，手指并拢，腕关节伸直，使示指和中指的指端指向肋缘，也可使示指的桡侧缘对着肋缘。触诊时先教会被检者做腹式呼吸，检查者右手从髂前上棘水平腹直肌外缘自下而上，逐渐向右季肋缘或剑突下移动。触诊的右手随着呼气，指端深入腹腔，吸气时腹壁隆起而相应抬高手指，抬起的速度可稍落后于腹壁的抬起。如触及肝下缘，可感知肝下缘从指端滑过；呼气时腹壁下陷，右手随着及时下按，此时可再一次触及肝下缘从指端滑过。因此，肝下缘随吸气下移就可碰到手指，下移后的肝下缘随呼气而上升时也可再一次碰到手指。

b．单手触诊法：无需左手配合，右手触诊方法同双手触诊法右手动作。

c．冲击触诊法：用于大量腹水时肝触诊。

d．钩指触诊法：触诊时，面向被检者足部，将右手掌放在被检者右胸前下部，嘱被检者做深呼吸动作，检查者随呼气右手第 2 ~ 5 指弯成钩状深入腹腔，吸气而更进一步屈曲指间关节，可迎触下移的肝下缘。

②肝下缘记录方法：分别记录右锁骨中线上肝下缘至右肋下缘、前正中线上肝下缘至剑突下的距离，以 cm 表示。正常人右肋下应在 1 cm 之内、剑突下多在 3 cm 之内。触及肝时，应详细描述其大小、质地（软、韧、硬）、形态（肝表面有无结节，边缘是否整齐等）、压痛、搏动等。

③肝触诊注意事项

a．首先训练被检者进行腹式呼吸，配合检查者触诊。

b．动作要轻柔。

c．应从下向上逐步推移进行触诊，否则若被检者肝过大，右手放到了肝面上而漏诊，且肝受压疼痛甚至有肝破裂的危险。

d．右手压力适度，由浅入深，过深至肋下缘时腹壁绷得过紧，限制了肝随呼吸上下移动。

e．在被检者深吸气之初，触诊手指不要移向肋缘去触摸肝，也不要过早地随腹壁而抬起，而是在继续施压中的原位置迎触肝。换言之，触诊肝，是向下移的肝来接触手指，而不是手指移向肋缘去触摸肝。

f．应仔细区分其他脏器，不要误诊。

g．于某处触及肝下缘后，应向两侧延伸触诊，以了解全部肝下缘情况。

（7）胆囊触诊：用单手滑行触诊法或钩指触诊法。正常人胆囊不能触及，如在右肋缘下腹直肌外缘触及卵圆形囊性包块多为胆囊，要注意胆囊的大小、压痛、形状及质地。胆囊触痛征［墨菲（Murphy）征］检查法：检查者将左手平放在被检者右肋缘部位，拇指放在腹直肌外侧缘与肋弓交界处，用中等度压力在呼气时压迫腹壁，拇指不要松劲，嘱被检者深呼吸，若深吸气时下降的病变胆囊碰到拇指，引起疼痛或因疼痛而突然屏气，称为 Murphy 征阳性。

（8）脾触诊

①触诊方法：常用双手触诊法，被检者取仰卧位和右侧卧位。检查者位于被检者右侧。先嘱被检者仰卧位，两腿稍屈曲，检查者左手掌置于被检者左侧季肋区第 7 肋至第 10 肋处，试着将脾从左向右推，并限制胸式呼吸；右手掌放于脐部，使并拢的手指平行于左肋缘并指向左锁骨中线，以稍弯曲的手指末端轻压向腹部深处，并随被检者的腹式呼吸运动，逐渐地由下向上接近左肋弓进行触诊。脾大时，触诊的手指可触及脾边缘，如脾过大，则右手应先放在下腹部，逐渐向脐及脐上部移动。如脾轻度肿大，仰卧位不易触及时，则嘱被检者取右侧卧位，右下肢伸直、左下肢屈曲进行触诊。

②脾大小测量法：轻度或中度肿大时，以肋缘下距离（cm）表示。重度肿大时，以三条线来表示："1"线，又称甲乙线，即左锁骨中线上左肋弓缘至脾下缘间的距离；"2"线，又称甲丙线，即左锁骨中线与左肋弓交叉点到最远脾尖端的距离；"3"线，又称丁戊线，即脾右缘到前正中线的距离，如脾大向右超过前正中线，测量脾右缘到前正中线间的最大距离，以"+"号表示；如未超过前正中线，测量脾右缘至前正中线间的最短距离，以"–"号表示，以上距离均用 cm 表示（图 6-1）。

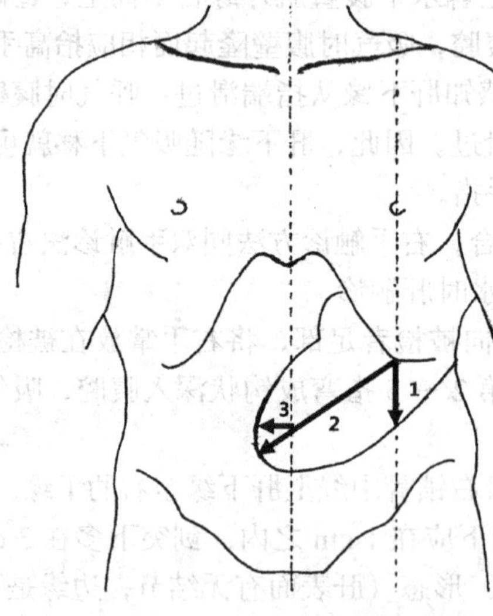

图 6-1 脾大小测量线

（9）肾触诊：用双手触诊法。检查者位于被检者右侧，被检者可取仰卧位、侧卧位、坐位或立位。触诊右肾时，检查者左手托住被检者右肋脊角处（后腰部），右手掌放在右季肋部，手指末端恰在肋弓的下方，手指微弯曲，嘱被检者深呼吸，随着被检者的腹式呼吸运动，呼气时检查者双手向相对方向逐渐加压，右手压向腹腔深部，直抵腹后壁，并试图与左手相接近，腹壁较薄软的被检者可触及肾。触诊左肾时，检查者左手自被检者前方绕过，左手掌托住被检者左侧肋脊角处，其余步骤同右肾触诊。触诊肾的关键在于被检者以深的腹式呼吸动作相配合。

冲击触诊法：当被检者腹壁较厚或配合不协调时可用此法。当被检者吸气时，用左手向前冲击后腰部，则在季肋部施压的右手有被肾顶举的感觉，注意用力要适当。正常人一般不能触及肾。

（四）叩诊

腹部叩诊多采用双手间接叩诊法。

1．腹部叩诊音　正常情况，腹部叩诊除肝、脾所在部位为浊音或实音外，均为鼓音。

2．肝及胆囊叩诊　叩诊肝上界，一般沿右锁骨中线、右腋中线和右肩胛下角线进行，由肺区向下叩诊，由清音转为浊音时为肝上界，因此处为肺遮盖的肝顶部，故为肝相对浊音界，再往下叩诊转为实音，为肝绝对浊音界，亦称肺下界。正常肝上界，在右锁骨中线第5肋间，右腋中线第7肋间，右肩胛下角线第10肋间。矮胖体型者，肝上界可上升一个肋间，瘦长体型者可低一个肋间。肝下界叩诊一般由腹部鼓音区沿右锁骨中线或前正中线向上叩诊，由鼓音变为浊音处即为肝下界。注意：因肝下界与结肠、胃等重叠，很难叩准，故肝下界多用触诊法确定。一般叩诊的肝下界较触诊的肝下界升高2～3 cm，仅在肝缘明显增厚时，两者结果相近。叩诊肝浊音界时，应注意其是否扩大，是否缩小，是否消失，有无叩击痛。胆囊被肝覆盖，临床上不能用叩诊法检查胆囊大小，仅能检查有无叩击痛。正常人肝及胆囊均无叩击痛。

3．胃泡鼓音区（Traube鼓音区）　该区位于左胸前下部，因胃内充气，叩诊呈鼓音，其大小因胃内含气量的多少及邻近组织器官的状态而异。

4．脾叩诊　宜用轻叩诊法，在左腋中线上叩诊。正常人脾浊音区在左腋中线上第9～11肋间，前方不超过腋前线。脾浊音界的确定也可用单手指（右手中指）弹叩诊法。

5．肾叩诊　一般检查肾有无叩击痛。检查者左手掌平置于被检者背部肾区（肋脊角），右手握拳，用轻至中等力量叩击左手背，正常人肾区无叩击痛。

6．膀胱叩诊　在耻骨联合上方叩诊。膀胱空虚时，因耻骨联合上方有肠管存在，叩诊呈鼓音，叩不出膀胱。膀胱充盈时，可叩出圆形浊音区。注意，当子宫增大（见于妊娠、子宫肌瘤）或卵巢囊肿时，该叩诊区也呈浊音。如排空膀胱后，浊音转为鼓音，为尿潴留所致的膀胱胀大。

7．移动性浊音叩诊　检查方法：被检者仰卧位，检查者立于被检者右侧，先从脐部开始叩诊（呈鼓音），沿脐水平向左侧叩诊，直达左侧髂腰肌边缘，如叩诊呈浊音，则叩诊板指位置固定，嘱被检者向右翻身取右侧卧位，重新叩诊该处，听音调是否变化（应变为鼓音）；然后再向右侧（向下）移动叩诊，直到转为浊音，再固定叩诊板指位置，嘱被检者向左侧翻身取左侧卧位，再次叩诊，如音调变为鼓音，证实移动性浊音阳性，提示腹腔内游离积液在1000 ml以上。

（五）听诊

方法：将听诊器体件置于腹壁上，有步骤地移动其位置，全腹九区均应听到，内容有：

1．肠鸣音　正常人每分钟可听到4～5次，如达10次/分及以上，为肠鸣音亢进；持续3～5 min才听到1次或仍听不到者，为肠鸣音减弱或消失。

2．血管杂音　听诊腹部有无血管杂音对某些疾病的诊断有重要作用。听诊时，应保持周围环境应安静。主要听诊区有：剑突下与脐之间为腹主动脉杂音听诊区，平脐腹直肌外缘上方为肾动脉杂音听诊区；此外，应注意股动脉、髂动脉等处是否可闻及血管杂音。正常人腹部无血管杂音，妊娠5个月以上孕妇可听到胎儿心音，部位在脐左下或右方。

3．搔弹音

（1）肝下缘测定

听叩诊法：被检者取仰卧位，检查者位于其右侧，将听诊器体件放在剑突下的肝左叶上，用左手示指与中指按之，左手拇指端则按在右锁骨中线与右肋缘的交叉点，作为标志，右手掌面向上，环指及小指屈曲，示指、中指半伸，中指稍向上用力，示指则往下紧擦过中指、以示指弹击腹壁，弹击沿右锁骨中线肋缘下自下而上反复用力均匀地进行。当弹击的腹壁下有肝时，则可听到响亮而近耳的“嘭嘭声”。此声音转变之处即肝下缘所在。如此沿右季肋缘自下而上弹叩并逐渐移向剑突下区，可确定出整个肝右下缘界限。肝左叶下缘测定，可用听搔法：被检者仰卧，检查者用左手将听诊器体件置于前正中线上肝下缘与脐之间，自听诊器体件上缘起，用右手示指端沿前正中线，由下向上轻轻搔划腹壁，当搔至某一点时，听诊音突然变低，此点即为肝左下缘位置。

用此法确定肝下缘时应注意：

①宜在空腹或半空腹进行。

②听诊器位置离肝缘太近或太远均会影响结果，故肝大时应放低，肝小时应放高。③腹壁脂肪过厚、腹壁过于松弛都会影响结果。

（2）胃缘测定：可用上述检查肝下缘的听叩诊法或听搔法进行：检查者用左手将听诊器体件置于腹壁上的胃区，用右手示指指端背面弹叩腹壁，也可用搔划代替弹叩，由胃区外渐向胃区，当到胃缘时，声音由弱到强，如此，在各个方向进行，即可查出胃的边缘，此法对胀大的胃较为实用。

二、脊柱与四肢检查

（一）脊柱

1．脊柱弯曲度　检查方法：嘱被检者直立或端坐，检查者用手指沿脊椎棘突以适当压力从上向下划压，划压后出现一条红线，以此观察脊柱有无侧弯，有无过度前突或后突现象。正常脊柱呈“S”状弯曲，即颈椎稍向前突、胸椎向后突、腰椎向前突。

2．脊柱活动度　检查方法：嘱被检者颈部、腰部做前屈、后伸、侧弯及旋转动作，观察脊柱有无活动受限。正常者颈椎可前屈、后伸、左右侧屈各45°、旋转60°。腰椎在臀部固定时，前屈45°、后伸35°、左右侧弯各30°、旋转45°。胸椎活动度很小，骶椎几乎不活动。

3．脊柱压痛及叩击痛

（1）脊柱压痛检查方法：检查者用右手拇指自上而下按压每一脊椎棘突，观察被检者有无痛苦表现和反应。

（2）脊柱叩击痛检查方法

①直接叩击法：用叩诊锤或右手中指指端叩击各脊椎棘突，多用于检查胸椎及腰椎。

②间接叩击法：嘱被检者端坐，检查者以左手掌面放在被检者头顶，右手半握拳以小鱼际部叩击左手背，观察被检者有无叩击痛。

（二）四肢

1．形态　以视诊和触诊为主。注意检查各关节有无形态异常、肿胀、红肿、皮温升高、压痛及波动感，有无关节脱位，有无膝内、外翻及足内、外翻，有无杵状指（趾）、匙状指或爪形手，有无肢端肥大、肌肉萎缩，有无下肢静脉曲张及水肿等。

浮髌试验：为膝关节肿胀的检查方法之一，目的是确定有无关节腔积液。检查方法：嘱被检者仰卧位，将下肢伸直、检查者用左手拇指及其余四指分别固定在肿胀的膝关节上方两侧，右手拇指和其余四指分别固定在关节下方两侧，然后用右手示指将髌骨连续向后按压数次，加压时髌骨与关节面有撞击感，松开时有髌骨浮起感，此即浮髌试验阳性。

2．功能

（1）上肢

①双手下垂，手心向内，两手能向下垂直说明肘关节伸直正常。

②双上肢向上举，两手合拢并能置于头后者提示肩关节外展，外旋，及肘关节屈曲运动正常。

③两肘弯曲至90°，肘部能靠拢腋下部胸壁，两前臂作内、外旋运动，手掌向上能转向下者，提示桡尺关节功能正常。

（2）下肢

①被检者取直立姿势，观察膝关节能否伸直。

②嘱被检者做下蹲及起立活动，观察髋关节及膝关节的屈曲功能。

③一腿直立，另一腿伸直外展及旋转活动，检查髋关节的外展及旋转功能。

【教师小结，布置作业】

1．熟记腹部、脊柱四肢内容并反复练习，达到熟练掌握的程度。

2．书写实践报告，提交任课教师批改。

（黄李雅）

实践指导七　消化系统常见症状及体征

【实践目的与要求】

1．掌握腹部常见体征的检查方法及其临床应用。
2．重点掌握腹部触诊法及其异常体征的临床意义。

【实践方法】

1．教师先选择好有腹部阳性体征的患者，示教检体。
2．由同学分组按检查顺序检查患者，教师巡回指导。
3．教师组织讨论。
4．结束前教师进行小结，实践结束后写出实践报告。

【实践地点】

消化内科病房。

【实践内容】

1．肝脾大。
2．黄疸。
3．腹水。
4．其他消化系统典型症状或体征。

【教师小结，布置作业】

1．根据学生课堂表现中的问题布置作业。
2．课后记录实践报告。

（黄李雅）

实践指导八　心肺腹模拟教学——触诊、听诊教学

【实践目的与要求】

1．掌握肺泡呼吸音、支气管呼吸音、支气管肺泡呼吸音，以及正常心音的听诊特点，肝胆脾的触诊方法。

2．熟悉常见异常肺泡呼吸音（增强、减弱、粗糙），管样呼吸音，干湿啰音，期前收缩，房颤，心音减弱、增强、分裂，常见额外心音，常见杂音，心包摩擦音等的听诊特点，心脏震颤、胸膜摩擦感、肝脾大、胆囊触痛征、腹部压痛、反跳痛的触诊特点。

【实践内容】

1．肺检查。
2．心脏检查。
3．腹部触诊。
4．课堂反馈与小结。

【实践地点】

临床技能综合培训中心心肺模拟检查训练室。

【教学及实践方法】

一、肺模拟教学、肺检查

检查项目	听、触诊选择	教学方法
正常肺泡呼吸音	听诊	提问：听诊特点，学生听诊，教师提示
肺泡呼吸音减弱	听诊	学生听诊，双侧比较，说出听诊结果
肺泡呼吸音粗糙	听诊	与正常比较，启发学生说出听诊特点
支气管呼吸音	听诊	提问：听诊特点、部位，学生听诊，与肺泡呼吸音比较
病理性支气管呼吸音	听诊	大叶性肺炎、大空洞听诊比较
支气管肺泡呼吸音	听诊	提问：听诊特点、部位，学生听诊，教师提示
病理性支气管肺泡呼吸音	听诊	小片肺实变、深部肺炎，与肺泡呼吸音、支气管呼吸音比较
哨笛音	听诊	学生听诊，教师提问听诊特点，教师概括
哮鸣音	听诊	学生听诊，教师提问听诊特点，教师概括
鼾音	听诊	学生听诊，教师提问听诊特点，教师概括
粗湿啰音、大湿啰音	听诊	提问：湿啰音产生的机制。学生听诊，说出听诊特点
中湿啰音	听诊	学生听诊，注意与大、细湿啰音比较
细湿啰音	听诊	学生听诊，注意与大、中湿啰音比较

续表

检查项目	听、触诊选择	教学方法
捻发音	听诊	学生听诊，说出听诊特点，必要时教师提示
语颤（正常、异常）	听、触诊	双肺对比
羊鸣音	听诊	学生听诊
胸膜摩擦音（感）	听、触诊	提问：胸膜摩擦感（音）产生机制，听、触诊特点概括

二、心脏模拟教学、心脏检查

检查项目	听、触诊选择	教学方法
正常心音	听诊	提问：S_1、S_2 听诊特点，学生听诊同时手势表示
正常第三心音	听诊	学生听诊，判断心音，启发学生说出听诊特点
第一心音增强	听诊	学生听诊判断
第二心音增强	听诊	学生听诊判断，A_2 亢进，P_2 亢进
第一心音减弱	听诊	学生听诊判断
第二心音减弱	听诊	学生听诊判断
第一心音分裂	听诊	学生听诊判断，教师启发，概括听诊特点
第二心音分裂	听诊	学生听诊判断，教师启发
窦性心律不齐	听诊	学生听诊判断，教师启发
期前收缩	听诊	学生听诊判断，教师启发
二联律	听诊	学生听诊判断，教师启发
房颤（二尖瓣狭窄）	听诊	提问：房颤的听诊特点，学生听诊判断，教师启发
舒张早期奔马律	听诊	学生听诊判断，教师概括
开瓣音	听诊	学生听诊判断舒张期附加音特点，教师概括
收缩期喷射音	听诊	学生听诊判断，教师提示
生理性杂音	听诊	学生听诊判断，教师概括
二尖瓣关闭不全	听诊	学生听诊判断时期、性质、强度、传导，教师启发
二尖瓣狭窄	听、触诊	学生听诊判断，教师启发、概括 学生触诊体会“猫喘”感觉
二尖瓣狭窄合并关闭不全	听诊	学生听诊判断，必要时教师启发
主动脉瓣狭窄	听、触诊	学生听诊判断，必要时教师启发
主动脉瓣关闭不全	听诊	学生听诊判断，必要时教师启发
主动脉瓣狭窄合并关闭不全	听诊	学生听诊判断，必要时教师启发
房间隔缺损	听诊	教师启发，学生听诊
室间隔缺损	听、触诊	学生听诊判断，教师讲解与主动脉瓣狭窄的鉴别
动脉导管未闭	听、触诊	学生听诊判断，教师启发，并解释连续性杂音与双期的区别
心包摩擦音（感）	听、触诊	教师启发，学生听诊及触诊

三、腹部模拟教学、腹部检查

检查项目	教学方法
肝及肝大触诊	演示方法，选择不同大小及质地肝触诊，教师指导
脾及脾大触诊	演示方法，学生触诊，教师指导
胆囊触痛征即 Murphy 征	演示方法，教师示教解释，学生操作，教师指导
麦氏点压痛、反跳痛	教师示教、解释，学生操作，教师指导
肝大、脾大、胆囊触痛征	学生操作，教师观察学生手法是否到位并指导

【教师小结，布置作业】

1. 认真复习相关理论、实践知识，回忆本次课程重点内容。
2. 课程结束后记录实践报告，对相似内容进行鉴别。

（刘秀梅）

实践指导九　神经系统检查

【实践目的与要求】

1．掌握脑神经、运动系统、感觉系统、神经反射的检查方法及临床意义。

2．熟悉意识、精神状态及大脑高级功能的检查方法及临床意义，了解自主神经系统的检查内容和方法。

【实践方法】

1．观看 CAI 光盘。

2．带教教师进行神经系统查体示教。

3．同学分组进行神经系统查体练习，带教教师巡回指导。

4．选一名操作熟练的学生进行神经系统查体演示，带教教师点评。

5．带教教师总结，布置作业。

【实践地点】

临床技能培训中心检体室。

【实践内容】

一、意识、精神状态及大脑高级功能检查

通过简单的问答了解被检者的意识、精神状态、言语能力，定向力、记忆力、理解力、计算力（连续计算 100-7）等。

二、脑神经检查

（一）嗅神经

了解检查方法。

（二）视神经

包括视力、视野、眼底检查。

（三）动眼神经、滑车神经、展神经

包括眼裂、眼睑、眼眦、眼球运动、瞳孔的大小、对光反射、辐辏和调节反射检查。

（四）三叉神经

包括三叉神经支配的运动、感觉及反射（如角膜反射）检查。

（五）面神经

面肌运动检查为重点，了解味觉检查。

（六）前庭蜗神经

掌握 Rinne test，Weber test 的检查方法；前庭蜗神经的功能及临床表现。

（七）舌咽、迷走神经

包括运动、感觉及反射检查。检查双侧软腭抬举情况，观察悬雍垂是否居中；用棉签轻触咽后壁和软腭检查感觉。检查咽反射。

（八）副神经

嘱被检者转头，检查者给予一定阻力，比较两侧胸锁乳突肌肌力。嘱被检者耸肩，检查者给予一定阻力，比较两侧斜方肌肌力。

（九）舌下神经

嘱被检者伸舌，观察伸舌有无偏斜，有无舌肌萎缩，有无舌肌纤维震颤。

三、运动系统检查

（一）肌力检查

掌握肌力分级及检查方法。嘱被检者做肢体屈伸动作，检查者给予阻力，测试被检者对抗阻力的力量，注意两侧对比。检查上肢肌力：根据举臂，上臂内收、外展，伸腕、屈腕，握拳等动作检查。检查下肢肌力：根据直腿抬高，下肢内收、外展，伸屈小腿，足背伸、跖屈，足趾运动等动作检查。

肌力的记录采用0～5级的6级分级法：

0级　完全瘫痪，肌肉无收缩。

1级　肌肉有收缩，但不能产生动作。

2级　肢体能够在床面上平移，但不能抵抗自身重力，不能抬离床面。

3级　肢体能够抬离床面，但不能抵抗阻力。

4级　肢体能够抵抗部分阻力。

5级　正常肌力。

（二）肌张力检查

嘱被检者放松肌肉，检查者触摸感知肌肉硬度，然后被动屈伸、旋转肢体，感知阻力大小及性质，注意伸肌、屈肌有无差别。

（三）不自主运动检查

多系锥体外系受损，临床上常见的有肌束颤动、痉挛、抽搐、肌阵挛震颤、舞蹈样动作、手足徐动和扭转痉挛等。此项检查以视诊为主。

（四）共济运动检查

包括指鼻试验、轮替试验、跟-膝-胫试验、闭目难立征。

（五）姿势和步态检查

了解痉挛性偏瘫步态、蹒跚步态、慌张步态等。

四、感觉系统检查

（一）浅感觉检查

包括痛、温、触觉检查。

（二）深感觉检查

包括关节位置觉、关节运动觉、音叉振动觉检查。

（三）皮质复合感觉

皮质复合感觉由大脑皮质对各种深、浅感觉进行分析比较后综合形成，也称皮质感觉，常见定位觉、二点辨别觉、实体觉、图形觉。

五、神经反射检查

（一）浅反射

1．角膜反射　嘱被检者睁眼向一侧注视，检查者用棉签的细棉絮由侧方轻触其注视方向对侧的角膜，引起瞬目动作。双眼分别检查，触及角膜一侧出现瞬目动作为直接角膜反射；未触及一侧出现瞬目动作为间接角膜反射，正常表现为双侧的瞬目动作（在脑神经检查中进行）。

2．腹壁反射　嘱被检者仰卧，双膝半屈，腹肌松弛。检查者用竹签沿肋缘、平脐和腹股沟上，由外向内，轻而快速地划过腹壁皮肤，反射活动表现为上、中、下腹壁肌肉的收缩。

3．提睾反射　用竹签由下而上轻划男性大腿内侧上部皮肤，同侧的提睾肌收缩使睾丸上提为提睾反射。正常者能引出，且两侧对称。

4．跖反射　检查方法同巴宾斯基（Babinski）征，正常表现为脚趾跖屈。

（二）深反射

1．肱二头肌反射　检查者以左手托扶被检者屈曲的肘部。被检者上肢肘部屈曲，并使前臂稍内旋，检查者左手拇指置于被检者的肱二头肌腱上，右手持叩诊锤叩击该拇指，正常表现为前臂快速屈曲。

2．肱三头肌反射　被检者肘关节屈曲，检查者托扶其前臂及肘关节，持叩诊锤叩击尺骨鹰嘴突的上方肱三头肌腱，正常表现为前臂做伸展动作。

3．桡骨膜反射　被检者肘关节半屈曲，前臂略向外旋，腕关节自然下垂，检查者持叩诊锤叩击桡骨茎突上方，正常表现为肘屈及前臂旋前。

4．膝腱反射　被检者坐位，小腿自然下垂，或卧位，检查者用左手于腘窝部托起被检者下肢，使髋、膝关节稍屈曲，持叩诊锤叩击髌骨下方股四头肌肌腱，正常表现为小腿做伸展动作。

5．跟腱反射　被检者仰卧位，髋、膝关节稍屈曲，下肢外展外旋，检查者用左手使其一足背伸，右手持叩诊锤叩击其跟腱，正常表现为腓肠肌收缩，足向跖侧屈曲。同法检查另一足。

6．阵挛

（1）髌阵挛：被检者仰卧位，下肢伸直，检查者右手置于膝关节下方，左手拇指、示指置于被检者髌骨上缘，突然迅速向下不断推动髌骨，若髌骨节律性地上下移动则为阳性表现。

（2）踝阵挛：被检者仰卧位，检查者左手托其腘窝，使膝关节屈曲，右手握住其足掌，使其足快速背伸，并用手持续压于足底，若跟腱发生节律性收缩，足交替性屈伸为阳性表现。

（三）病理反射

1．巴宾斯基（Babinski）征　用棉签由后向前，沿被检者足底外侧缘划至小趾掌关节，再转向拇趾侧，如拇趾背伸，其余四趾呈扇面展开，提示巴宾斯基征阳性。

2．巴宾斯基等位征

（1）查多克（Chaddock）征：用棉签在被检者足背外侧缘，从外踝下方开始由后向前划至掌趾关节处，阳性表现同巴宾斯基征。

（2）奥本海姆（Oppenheim）征：检查者左手示指、中指弯曲，沿被检者胫骨前缘两侧用力由上向下滑动，阳性表现同巴宾斯基征。

（3）戈登（Gordon）征：检查者用拇指和其余四指以适当力量捏压被检者腓肠肌，阳性表现同巴宾斯基征。

3．霍夫曼（Hoffmann）征　检查者用左手持被检者腕关节，右手中指与示指夹住被检者中指的第二指节，并向手背方向提拉，使腕关节呈轻度过伸位，然后以右手拇指迅速弹刮被检者中指指甲末端，如引起被检者拇指及其余四指屈曲为阳性表现。

（四）脑膜刺激征

1．颈强直　被检者仰卧位，检查者左手托扶其枕部，右手置于被检者前胸，使被检者被动屈颈，若有一定阻力，且排除颈椎、颈部肌肉病变，则为颈强直。

2．克尼格（Kernig）征　被检者仰卧位，先将一侧髋关节和膝关节均屈曲成直角。检查者左手扶住被检者膝关节，右手托住被检者下肢足跟部，使之上抬，正常人可将膝关节伸直 135°以上，若在 135°之内伸直受限并出现疼痛感，为阳性表现。

3．布鲁津斯基（Brudzinski）征　检查方法同颈强直，如被检者出现双侧膝关节与髋关节屈曲为阳性表现。

【教师小结，布置作业】

1．课后按照带教教师示范的流程，反复练习神经系统查体手法。

2．课后及时完成实践报告并提交带教教师批阅。

（李永军　窦春阳）

实践指导十　神经系统常见症状及体征

【实践目的与要求】

1．掌握神经系统常见症状的问诊方法，神经系统常见阳性体征的检查方法及临床意义。

2．熟悉神经系统检查的完整流程。

3．培养学生与患者沟通交流的能力。

【实践方法】

1．带教教师预先选择好有典型体征的患者，见习开始时，由教师示范检查，同时说明问诊和检查的要点。

2．学生分组问诊，查体，带教教师巡回指导。

3．带教教师组织讨论。

【实践地点】

神经内科病房。

【实践内容】

1．神经系统常见症状的问诊。

2．神经系统检查方法，常见神经系统阳性体征的表现及临床意义。

【教师小结，布置作业】

1．根据学生课堂表现中的问题布置作业。

2．课后记录实践报告。

（李永军　窦春阳）

实践指导十一　问诊与病历资料采集

【实践目的与要求】

1．初步掌握病历资料的采集方法。

2．掌握病历记录的书写格式及内容。

3．初步掌握诊断步骤及临床思维方法。

【实践方法】

一、问诊

1．课前要求学生拟好问诊提纲，熟记问诊内容。

2．教师先问诊，学生观摩，主要观察教师同患者交流时使用的语言及问诊的内容、思路；然后学生分组，选择一名患者练习问诊，一名学生主问，其他学生补充问诊并记录。

3．教师组织各组学生分别汇报病史，并讨论问诊内容是否完整，教师补充病史资料，评价教学效果，布置作业。

二、病历资料采集

1．课前要求学生拟好问诊提纲，熟记问诊内容。

2．教师选择适宜学生实践要求的患者。

3．学生根据患者数量分成若干小组，每一小组采集同一病历资料，由一名学生主问，其他学生记录及补充问诊；重点查体，教师指导。

4．学生汇报病历资料，教师提供实验室检查及其他辅助检查资料，讨论病历，给出诊断。

【实践地点】

住院部病房。

【病历内容及要求】

一、问诊

（一）一般项目

1．姓名　要与患者身份证件相同，不可出现错误，注意音同字不同，以免给医保、商业保险等报销，工伤、事故等提取法律依据，以及各种事件鉴定制造困难。

2．性别　要真实，不能从外貌及穿着随意判断。

3．年龄　新生儿以小时、天记录，婴儿以月记录，儿童以岁及月记录，青少年及以上以岁记录，均记录实足年龄，必要时（因农村患者、老年患者习惯报虚岁）询问出生年月日，计算准确年龄。不能用“儿”或“成”代替，因年龄本身也具有诊断参考意义。

4．籍贯　与患者身份证件一致。

5．出生地　记录省、市或县。

6．民族　准确，不要缩写。

7．婚姻　反映婚姻状态，如已婚或未婚。

8．通信地址　一定要真实而准确，省、市或县、区、街（或乡镇、村组）、住宅区、门牌号等。

9．电话号码　能够联系到的固定及移动电话号码。

10．工作单位　现在工作单位。

11．职业　现从事职业，尽可能准确。

12．入院日期　办理入院手续进入病区的日期。

13．记录日期　问诊并书写住院记录的日期，年月日要完整。

14．病史陈述者　本人、配偶或其他人，与患者的关系要记录准确如女儿、路人等。

（二）主诉

为患者感受最主要的痛苦或最明显的症状和（或）体征及其持续时间。通常是最早出现且最为痛苦的症状，也就是患者就诊的主要原因。一般可以这样开始问：“您哪儿不舒服？”“您因为什么原因来看病？”，如果患者告诉症状，接下来问“最早从什么时间开始的？”。如果患者回答的是病名，再进一步询问“感觉哪儿不舒服？”或“有什么症状？”“与您没病时有什么不同？”，接下来再进一步询问持续的时间及主要症状的特点，包括部位、性质、规律等，经过临床思维，概括出主诉。要求主诉必须言简意赅，一句话概括，文字尽可能要少。长期的慢性疾病复发患者，时间应以第一次发病记录，而不是本次复发的时间，时间一定要与现病史描述疾病情况的时间一致。不能出现主诉“×××2周”，现病史却记录为“20年前出现×××”，这是初学者最常出现的错误。对一些复杂病史，如慢性复合病史，多种慢性疾病混合，需要系统而完整地问完现病史，经过临床思维，综合分析、整理后，分清主次、各种疾病的关系，搞清楚本次就诊的主要原因，才能概括出主诉。

（三）现病史

现病史主要包括：

①起病情况与患病的时间。

②主要症状的特点。

③病因与诱因。

④伴随症状。

⑤病情的发展与演变。

⑥诊治情况。

⑦病程中的一般情况。

通过问诊获取资料并不一定是逐条分别采集，而是由最容易回答的问题（最痛苦的症状）为中心逐渐扩展深入询问。问出最主要的痛苦或最明显的症状及持续时间后，围绕主要症状，询问其部位、性质、出现前有什么原因。如腹泻症状要问病前吃过什么，食物性状等；发热患者要问病前有无受凉、气候突变、出汗淋雨或冲凉等原因或诱因。此外，还要询问主要症状加重及减轻的规律及原因，伴随着主要症状还有哪些其他症状（伴随症状），与主要症状的关系。往往患者会出现数个主要症状及多种伴随症状，需分清各种症状之间的关系、伴随症状的特点。将所有症状按出现的时间顺序、关系，以及相关原因、诱因、规律等理清，病情的发展与演变自然就清晰了。之后接着询问：病后是否就医或自行用药？就医时做过什么检查？诊断什么疾病？用过什么药及如何用药？用药后病情有何变化？患病期间精神状态怎样？睡眠情况怎样？体力状态怎样？食欲如何？食量有无变化？大便情况怎样？小便有无变化？体重有无明显变化？等等。如有改变问清楚具体变化。以上资料经过综合分析、整理后即形成了现病史，对病情有了初步认识，有了几种疾病作为初步诊断的考虑。如果患者没有提及一些鉴别疾病所需的重要表现或特征，也要特别询问，作为临床诊断的鉴别或排除依据。常见症状的问诊要点后面会叙述。

（四）既往史

患者既往的健康状况和过去曾经患过的疾病，包括传染病、外伤及手术史、预防接种史、过敏史。例如，可以这样询问：您过去身体怎么样？如果患者不理解，可追问体格是瘦弱还是强壮？抵抗力如何？易患感冒吗？常拉肚子（腹泻）吗？以便了解患者既往的健康状况。之后询问以前有无患过什么病而住过医院？结果怎样（治愈了吗）？如果是与本次疾病有关的慢性病，要问清复发及治疗情况。如果患者回答以前没患过什么病，还需特别提出是否患过肺结核、肝炎等传染病，有无“黄疸”病史。对目前所患疾病关系密切的情况要特别详细询问，如现病史提供的主要症状符合“风湿性心脏病”“风湿性关节炎”的表现时，要注意追问有无“咽痛”情况。

注意不要将既往史与现病史混淆。例如患者本次入院主因是对称性游走性大关节痛，患者也有慢性发作性上腹痛病史，上腹痛非本次入院的主因且处于缓解期，应记录在既往史中。冠心病、急性脑血管病患者常伴有高血压病史也不要混淆。有些急性可完全治愈的疾病如胃肠炎等再次患同样的疾病，以前患过的且已完全治愈的疾病应记录在既往史，此次病史记录在现病史，时间也以此次患病时间记录。接下来再询问有无较重大外伤病史如车祸、脑震荡、骨折等，是否做过手术，现在情况怎样？既往健康情况问完后，要询问是否按期接种过各种计划免疫疫苗，如询问打过预防针吗？吃过“糖丸”吗？各种预防针都按时打了吗？有可能的话，询问计划免疫外其他自行选择接种的疫苗，接种疫苗后有无反应等。还要询问有无用药后过敏现象，如出现皮疹等，以及进食某类食品或使用化妆品、环境因素等所致过敏史，以了解患者是否为过敏体质，要特别询问青霉素用药或皮试结果。

（五）系统回顾

系统回顾是为避免患者忽略或遗漏病史资料而进行的补充询问，或者为避免患者特别是老年患者因时间久远遗忘既往病史而进行的补充询问，其问诊方法不同于现病史，是按照系统直接启发提问，帮助患者回忆除现在所患疾病以外的其他各系统，是否发生目前尚存或已痊愈的疾病，以及这些疾病与现在所患疾病是否存在因果关系。医学生在学习采集病史之前必须对各系统常见症状与体征的病理生理意义有比较清晰的理解，每个系统可询问 2 ～ 4 个症状，若患者出现过此类症状，再全面深入询问。如患者否认，再过渡到下一个系统，问诊的顺序及主要症状如下：

1．呼吸系统　有无咳嗽及咳嗽的性质、发生和加剧的时间，咳嗽程度、频率与气候变化及体位改变的关系。有无咳痰及咳痰的特点、色、量、黏稠度、气味等。有无咯血及咯血的时间、量、颜色、诱因，以及咯血后有无头晕、心慌、休克等。有无呼吸困难及呼吸困难发生的时间、性质、程度。有无胸痛，胸痛的部位、性质，与呼吸、咳嗽、体位的关系。有无结核病接触史。有无职业因素或工业空气污染等。

2．循环系统　有无心悸，发生时间与诱因；有无心前区疼痛及其性质、程度以及出现和持续的时间，有无放射痛及放射痛的部位，引起疼痛发作的诱因和缓解方法。有无呼吸困难及发生的时间、性质和程度，发作时与体力活动和体位的关系。有无咳嗽、咯血、咯痰等。有无水肿及出现的部位和时间。尿量多少，有无腹水。有无突然黑朦、晕厥等。既往有无风湿热、高血压病、动脉硬化等病史。女性患者妊娠时有无水肿、心悸等。

3．消化系统　有无腹痛及发生时间、部位、性质、程度、放射痛及与饮食和药物的关系；是否伴有腹胀、反酸、嗳气、恶心、呕吐、腹泻、呕血、便血、发热、皮肤黏膜黄染等。腹部是否发现肿块，肿块部位及大小，有无疼痛与压痛。有无便秘或腹泻与便秘交替。有无恶心、呕吐及发生的时间、次数、与饮食的关系；有无呕血及其量和颜色，是否伴有食物及胃液；有无腹泻及其次数，粪便颜色，有无黏液，脓血及未消化的食物。

4．泌尿系统　有无腰痛、尿频、尿急、尿痛、血尿、脓尿、少尿，夜尿有无增加。有无水肿及其部位、程度、时间；是否有腹痛，疼痛的部位，有无放射痛及尿流中断。有无贫血及其特点。既往有无高血压、出血等病史。

5．血液系统　有无头晕、面色苍白、乏力等。有无出血、瘀斑、皮肤黄染、水肿、发热、淋巴结肿大和肝脾大等。有无药物中毒，过敏、放射性物质接触史和长期习惯性用药等情况。

6．内分泌与代谢系统　有无畏寒、怕热、多汗、乏力、心悸、多饮、多食、多尿、水肿等。有无肌肉震颤及痉挛。有无性器官发育、骨骼、甲状腺、体重、皮肤、毛发、性格、智力、体格的异常与改变。有无外伤、手术、产后大出血。亲属的健康状况等。

7．肌肉骨骼系统　关节有无肿胀、疼痛、变形，活动是否受限。有无肌肉麻木、萎缩、骨折、脱位、先天缺陷等。有无经常咽痛、发热等。

8．神经精神系统　有无头痛及其部位、性质、时间，有无进行性加重。有无失眠、意识障碍、记忆力减退、晕厥、抽搐、痉挛、瘫痪、感觉异常、运动异常及性格改变。

（六）个人史

1．社会经历　出生地、居住地及居留时间，注意出生地及居住地区与某种传染病或地方病的关系。受教育程度、经济生活与业余爱好；不同传染病有不同的潜伏期，如考虑某种传染病或地方病，应特别询问过去某段时间是否去过疫源地及居留时间。

2．职业和工作条件　工种、劳动环境、对工业毒物的接触情况及时间。某些疾病与职业及作业环境有一定关系。

3．生活习惯与嗜好　起居与卫生习惯、饮食的规律、习惯与质量；烟、酒或其他异嗜物（如吃茶叶、饮酱油等，使用麻醉药品、毒品等）嗜好的程度，每日量多少，间隔多长时间。

4．冶游史　有无冶游史，即婚外性生活史（包括同性）。问诊时要保护患者的隐私，单独询问，不要当着家属或其他患者的面询问。

（七）婚姻史

询问未婚或已婚、结婚年龄、配偶的健康状况、性生活情况、夫妻关系等，如有多次婚史，均应询问并记录。

（八）月经史

女性患者的月经情况。主要记述初潮年龄、月经周期（出血第一天至下一次出血前一天的时间）、经期天数（出血时间）、经血的量和色、经期症状、有无痛经、白带、末次月经日期、闭经日期、绝经年龄等。

记录格式：

$$\text{初潮年龄}\ \frac{\text{行经期（天）}}{\text{月经周期（天）}}\ \text{末次月经日期（或绝经年龄）}$$

举例1：生育期女性　13岁 $\frac{3 \sim 4\text{天}}{28 \sim 30\text{天}}$ 2020.4.23

经血量中等，色暗红，经期初期经量少，腹痛，但通常仍能坚持工作，白带无异常。

举例2：已绝经女性　14岁 $\frac{3 \sim 5\text{天}}{28 \sim 30\text{天}}$ 49岁

（九）生育史

患者的生育状况，包括妊娠与生育次数和年龄，人工流产或自然流产的次数，有无早产、死产、手术产、产褥热及计划生育状况等。男性患者也应询问结婚年龄、生育子女，以及是否患过影响生育的疾病。

举例3：孕3产1，第一次及第三次均行人工流产术（第一次刮宫，第三次药物）终止妊娠，27岁时第二次孕，足月剖宫术产一健康女，现使用宫内节育器。

（十）家族史

指与患者有血缘关系的直系亲属的健康状况，包括：

1．双亲的年龄及健康情况（儿科包括祖父母、外祖父母）。

2．兄弟、姐妹的年龄和健康情况。

3．子女的年龄及健康情况。

4．家族中有无与患者同样的疾病，有无与遗传有关的疾病，如白化病、血友病、先天性球形细胞增多症、精神疾病、糖尿病、高血压等。对已死亡的直系亲属要问明死因与年龄。有些遗传性疾病若在几个成员或几代人中皆有发生，家族史还应扩大到某些非直系亲属，如血友病要详细询问其母系家族舅舅（包括已故）情况，已故舅舅的死因及年龄。如有明确出血病史或因此原因而死亡，记录时可以绘制家系图谱，详细说明发病情况。

二、常见症状的问诊要点

（一）发热

1．起病时间、季节、起病急缓、诱因、病程、程度（如发热，自测体温多少）、间歇性或持续性、体温高低变化规律及因素。

2．有无畏寒、寒战、大汗或盗汗。

3．有无系统症状，是否伴有咳嗽、咳痰、咯血、胸痛；腹痛、恶心、呕吐、腹泻；尿频、尿急、尿痛；皮疹、出血、头痛、肌肉关节痛等。

4．诊治经过，有无就诊经历，做过什么检查，如携带实验室检查单可参阅，治疗情况（药物、剂量、疗效）。

5．患病以来一般情况，如精神状态、食欲、体重改变、睡眠及大小便情况。

6．传染病接触史、疫水接触史、手术史、流产或分娩史、服药史、职业特点、进食情况等。

（二）皮肤黏膜出血

1．起病时间及持续时间、进展、原因及诱因如过敏、有害环境接触、传染病接触等。

2．出血部位、范围、类型，是否有其他出血现象如鼻出血、经血量明显增多、呕血、咯血等。

3．是否伴有皮疹、发热、黄疸等。

4．诊治经过，特别是红细胞、血红蛋白、血小板检测及凝血功能等检查。

5．慢性病史、既往有无类似病史、家族成员有无类似患者等。

6．患病以来一般情况，如精神状态、食欲、体重改变、睡眠及大小便情况。

（三）水肿

1．水肿出现时间、急缓、变化规律，如晨起或下午明显。

2．部位（开始部位及蔓延情况）、全身性或局部、是否对称性、是否凹陷性，与体位变化及活动的关系。

3．有无心、肾、肝、内分泌及过敏性疾病病史及其相关症状，如心悸、气促、咳嗽、咳痰、咯血、头晕、头痛、失眠、腹胀、腹痛、食欲、体重及尿量变化等。

4．水肿与药物、饮食、月经及妊娠的关系。

（四）咳嗽与咳痰

1．疾病的产生时间、患者年龄和性别。

2．咳嗽的程度、规律与音色，是否有痰液咳出。

3．痰的颜色、气味、性状（黏液、浆液、脓性、血性、泡沫状等）、痰液的量。

4．伴随症状，是否伴有发热、胸痛、呼吸困难、咯血及进行性体重下降等。

5．诊治经历。

（五）咯血

1．确定是否咯血，首先须鉴别是咯血还是呕血。

2．出血有无明显诱因及前驱症状。

3．发病年龄及咯血性状、颜色、量，判断危急程度；咯血中有无混合物。

4．有无咳嗽、咳痰、胸痛、呼吸困难等症状，与咯血的关系；有无心悸、乏力、头晕眼花、意识模糊、晕厥等伴随症状，与咯血的关系。

5．有无慢性病史，有无结核病接触史、吸烟史、职业性粉尘接触史、生食海鲜史及月经史等，如肺寄生虫病所致咯血、子宫内膜异位症所致咯血均须结合上述病史做出诊断。

（六）胸痛

1．包括发病年龄、发病急缓、诱因、加重与缓解的方式。

2．胸痛表现　包括胸痛部位、性质、程度、持续时间及有无放射痛。

3．伴随症状　包括呼吸、心血管、消化系统及其他各系统症状和程度。

（七）发绀

1．发病年龄、起病时间、是先天就有还是最近出现，发绀出现的急缓。

2．有无慢性病史，有无心悸、气急、胸痛、咳嗽、昏厥、尿少、水肿等心、肺疾病症状。

3．注意发绀分布与范围，确定是“真性发绀”，还是血红蛋白衍生物发绀。“真性发绀”是中心型还是周围型。如为周围型发绀，应进一步注意分布是全身性，还是局部，还是局限于某个肢体或肢端，并询问局部有无肿胀、疼痛、肢体发凉等血运障碍情况。

4．如患者急性发病，且无心肺疾病史，应询问：①有无摄取某些药物、化学物品、变质蔬菜等；②是否在长期便秘情况下进食蛋类及硫化物（含硫氨基酸）。

5．伴随症状　①若伴有呼吸困难、咳嗽、咳痰，常见于重症心、肺疾病和急性呼吸道阻塞、气胸等；②若呼吸困难不明显，应考虑先天性高铁血红蛋白血症和硫化血红蛋白血症等；③若伴有杵状指（趾）指端发绀，一般病程较长，主要见于先天性心脏病及肺部慢性疾病；④若起病急骤，伴意识障碍，常见于某些药物或化学物品急性中毒；⑤若在严重创伤或疾病基础上伴有血压下降，应考虑休克所致的发绀。

（八）呼吸困难

1．呼吸困难发生的诱因　包括有无引起呼吸困难的基础疾病和直接诱因，如心、肺疾病，肾病，代谢性疾病和有无药物、毒物摄入史；有无头痛、意识障碍、颅脑外伤史。

2．呼吸困难发生的快与慢　询问是突然发生、缓慢发生、还是渐进发生或者有明显的时间性，加重与减轻的因素与规律。

3．呼吸困难与活动、体位的关系　如左心衰竭引起的呼吸困难表现为劳力性呼吸困难——夜间阵发性呼吸困难——端坐呼吸——心源性哮喘。

4．伴随症状　有无发热、咳嗽、咳痰、咯血、胸痛等。

（九）心悸

1．发作诱因、时间、频率、病程。

2．有无心前区疼痛、发热、头晕、头痛、晕厥、抽搐、呼吸困难、消瘦、多汗、失眠、焦虑等相关症状。

3．有无心脏疾病、内分泌疾病、贫血、神经症等病史。

4．有无嗜好浓茶、咖啡、烟酒情况，有无精神刺激史。

（十）恶心与呕吐

1．呕吐的起病，如病因（进食某种药物、不洁食物、致敏物等）或诱因（受凉、体位、进食、咽部刺激、精神因素等），起病急缓，既往有无腹部手术史，女性患者月经史等；呕吐的时间，晨起还是夜间，间歇或持续，与饮食、活动等有无关系。

2．呕吐物的特征，呕吐物的量、性状（色、气味等），是否有胆汁，并估计液体丢失量。

3．呕吐的特点与变化如呕吐发作频率，持续时间，严重程度等，加重与缓解因素。

4．伴随症状如反酸、嗳气、腹胀、腹痛、腹泻、头痛、头晕、眩晕、乏力、口渴等，以及与呕吐的关系。

5．诊治情况，如是否做腹部B超、胃镜、X线钡餐、血糖、尿素氮等检查，是否用过药物及效果。

（十一）呕血

1．确定是否呕血　应注意排除口腔、鼻咽部出血和咯血。

2．呕血的诱因　有无饮食不节、大量饮酒、毒物或特殊药物摄入史。

3．呕血的颜色、性状、混合物等。

4．呕血量及速度，可作为估计出血量的参考，但由于部分出血滞留在胃肠道，而且呕血中也含有胃内容物，还需结合全身反应来估计出血量。

5．伴随症状　有无寒战、发热、腹痛、黄疸、皮肤黏膜出血、少尿等。

6．一般情况　如有无口渴、冷汗、心悸、乏力、头晕、黑朦等，体位改变（由卧位变坐位、立位）时感心悸、晕厥，可以帮助判断有效血容量丧失情况。

7．既往有无上腹疼痛、反酸、呃气、消化不良等病史，有无肝病和长期药物摄入史，并注意有无长期服药史（如激素、水杨酸类），药名、剂量及反应等。

（十二）便血

1．便血的病因和诱因　有无饮食不洁、进食生冷、辛辣刺激等食物史，有无服药史或集体发病。

2．便血的颜色、次数及其与大便的关系　可以帮助推测出血的部位与可能的病因。通常黑便提示上消化道出血，均匀一致的暗红色血便提示小肠病变，混合不均的提示结肠病变，出血在粪便表面提示直肠病变，便后滴血、停止用力则出血停止一般提示痔疮。便血次数频繁且粪便稀薄提示出血速度较快，出血量较多，为活动性出血（出血未停止）；便血次数减少、变干、间隔渐长、色变浅通常提示出血停止。

3．便血的量　同呕血量一样，可以作为估计失血量的参考，由于粪便量的影响，需结合患者全身反应，以及红细胞、血红蛋白检测才能准确估计失血量。

4．伴随症状　有无腹痛、腹胀、腹泻、乏力、消瘦等病史及症状，有无其他部位出血如皮肤黏膜出血、鼻出血等。如伴节律性上腹痛、反酸、嗳气多提示消化性溃疡；伴腹痛、里急后重，多提示肠道炎症；伴腹部包块、腹痛、腹胀，多为肿瘤；伴全身出血，多为各种原因所致的出凝血障碍。

5．一般情况　同呕血，可以帮助判断有效血容量丧失情况。

6．既往有无腹泻、腹痛、腹胀、痔、肛裂病史，有无服用抗凝药物、有无胃肠手术史等。

（十三）腹痛

1．腹痛与年龄、性别、职业的关系。

2．腹痛起病情况　有无饮食、外科手术等诱因，起病急缓及持续的时间。急性起病者要特别注意与各种急腹症的鉴别，因涉及内、外科治疗方法不同，如需急诊外科手术，贻误抢救时间会导致严重后果。应仔细询问、寻找诊断线索，必要时急请外科会诊。缓慢起病者涉及功能性与器质性、良性与恶性疾病的区别，除注意病因、诱因外，应特别注意缓解因素，特别是有无精神因素。

3．腹痛的部位及牵涉痛　腹痛部位多提示疾病部位，如右上腹要考虑肝胆病变，右下腹考虑阑尾、右侧附件病变。注意有无牵涉痛，如右上腹痛发作时伴有右肩背部疼痛，则胆道病变的可能性更大；上腹痛伴腰骶部痛多提示胰腺病变等。牵涉痛更有助于判断疾病的部位和性质，熟悉神经分布与腹部脏器对应关系，对疾病的定位诊断有帮助。

4．腹痛的性质和严重度　腹痛的性质与病变性质密切相关，烧灼样痛多与化学刺激有关，如胃酸的刺激；绞痛多为空腔脏器痉挛、扩张或梗阻引起，临床常见有肠绞痛、胆绞痛、肾绞痛；持续钝痛可能为实质脏器牵张或腹膜外刺激所致；剧烈刀割样疼痛多为脏器穿孔或严重炎症所致；隐痛或胀痛反映病变轻微，可能为脏器轻度扩张或包膜牵拉等所致。

5．腹痛的规律　特别是与进食、活动、体位的关系。

6．腹痛的伴随症状如恶心、呕吐、腹泻、腹胀、呕血、便血、乏力、消瘦、贫血等。

7．既往病史　询问相关病史对于腹痛的诊断很有帮助，如有消化性溃疡病史要首先考虑溃疡穿孔；育龄妇女有停经史要考虑宫外孕；有酗酒史要考虑胰腺炎、急性胃炎；有胆囊炎、胆石症病史要考虑疾病复发或穿孔。

（十四）腹泻

1．腹泻的起病，有无不洁饮食、致敏食物（海鲜、牛奶等）、旅行、聚餐等原因，有无紧张、焦虑、脂肪餐等诱因。

2．腹泻的次数、大便的量及性状、气味，有助于判断腹泻的类型及病变的部位。小肠病变，粪便量大且稀薄；结肠病变大便成糊状；直肠病变大便已成形且可见脓血；次数多而量少一般与直肠激惹有关；脓血便伴恶臭要考虑结直肠癌。分泌性腹泻，粪便量常超过每日 1 L，而渗出性腹泻，粪便量远少于此。

3．腹泻伴随症状　发热、腹痛、里急后重、贫血、水肿、营养不良等对判断病因有帮助。是否伴有腹痛及与腹痛的关系。

4．有无同食者群体发病史，如有则考虑食物中毒。

5．腹泻加重、缓解的因素　与进食、油腻食物的关系，以及禁食、抗生素的作用等。

6．病后一般情况变化。

（十五）便秘

1．便秘持续的时间、有无明确原因。

2．大便最长及最短多长时间一次，大便性状（有无干结及程度），排便是否困难，每次耗时多长，能否排尽。

3．有无伴随症状如腹痛、便血，有无便秘与腹泻交替出现的周期性现象。

（十六）黄疸

1．询问黄疸出现的时间、部位、程度、变化，是急性起病还是缓慢起病，有无群集发病，有无外出旅游史、服用某些药物史，有无长期酗酒或患肝、胆、胰疾病史、寄生虫感染史，有无大量食用柑橘等因素。观察是真性黄疸还是假性黄疸，特别应与皮肤苍黄、球结膜下脂肪及高胡萝卜素血症相辨别。

2．详细询问患者尿色的变化，溶血性黄疸时尿色呈酱油或茶色，肝细胞性黄疸尿色呈黄色，阻塞性黄疸尿色呈深黄色，以及大便颜色的变化。

3．询问黄疸出现时间与波动情况以判断肝细胞性与阻塞性黄疸。

4．伴随症状　询问有无胃肠道症状，有无发热、腹痛、皮肤瘙痒，判断黄疸与发热、腹痛的关系。有无持续性、进行性加重的消瘦、腹痛、黄疸病史（要考虑恶性病变如胰头癌、肝癌），胆红素代谢障碍则全身状况较好。

（十七）腰背痛

1．起病原因如外伤史、长时间固定坐姿、弯腰等，有无受凉等诱因；起病急缓、持续时间、加重与缓解的因素。

2．疼痛的部位、范围、程度、性质，与活动的关系，腰背活动是否受限，受限方向与程度，与体位的关系。是否为牵涉痛，如胸腹痛时伴有腰背痛通常为牵涉痛，如胸骨后压榨样痛伴左侧肩背及左上肢小指、环指痛为心绞痛所致牵涉痛；上腹部痛时伴腰骶部痛为胰腺病变（如胰腺炎、胰腺癌）放射痛；胆道病变引起右侧肩背痛。

3．伴随症状。

（十八）关节痛

1．起病急、缓，出现的时间，疼痛的程度，有无明确诱因如气候变冷、环境潮湿、饮酒后或高嘌呤饮食后诱发，加重和缓解的因素，活动后疼痛加重还是减轻。

2．关节疼痛的部位，大关节、小关节或大小关节同时受累，肌肉与肌腱是否受累。

3．关节疼痛累及的数量，是单关节、多关节，还是对称性多关节。

4．病变关节有无肿胀，活动时关节有无弹响。病变关节是否伴有红、肿、热，有无“晨僵”和关节变形。

5．关节疼痛的程度、性质，有无规律性，是持续性疼痛、间断疼痛，还是游走性疼痛。

6．关节痛是否伴有发热、乏力、消瘦、皮疹等全身症状。

7．慢性病史及用药史，特别是引起关节痛的疾病，并了解用药情况，如是否长期服用镇痛药和糖皮质激素等。

8．有无家族史，与职业、居住环境是否有关。

（十九）血尿

1．发病时间，是持续还是偶尔出现，有无明确原因如外伤及劳累、发热等诱因。

2．尿色有无改变，为排尿的哪一阶段出现（即开始、全程、中段、末段、结束时）。

3．伴随症状　有无尿频、尿急、尿痛、排尿困难等，有无腹痛、腰部酸痛，有无放射痛及放射部位，有无水肿、发热等。

4．有无慢性病史。

（二十）尿频、尿急、尿痛

1．发生及持续时间，近期有无接受过导尿、尿路器械检查或人工流产史，是否新婚、蜜月期。

2．排尿的频度，夜尿的次数，每次排尿量多少等，24 h 总尿量有无明显变化。

3．尿痛的部位、性质、持续时间和有无放射痛及放射部位。

4．有无伴随症状，如发热、腰痛、血尿、脓尿、排尿困难和尿道口分泌物等。

5．既往有无结核病、泌尿系感染、泌尿系结石、盆腔疾病及手术史。

6．询问个人卫生习惯，对疑有性传播疾病所致下尿路感染，应进一步询问患者本人或其配偶有无不洁性交史（注意保护个人隐私）。

（二十一）少尿、无尿、多尿

1．发病时间，是持续还是偶尔出现，与饮水及饮食含水量的关系，有无用药等诱因。

2．每日排尿次数、夜尿次数、每次排尿量、24 h 尿总量。

3．伴随症状　有无多饮、多食、烦渴、乏力、消瘦、水肿、腰痛、头痛等。

4．有无慢性病史，如肾病、高血压、糖尿病史，有无颅脑受损或手术史（脑垂体）。

（二十二）头痛

1．询问起病时间，是急是缓，持续性、间歇性，每次发作持续时间，发作频率，诱发因素和缓解因素。

2．头痛部位与范围、性质（裂痛、胀痛、闪电样痛等），是否与体位或头位有关及程度。

3．头痛时有无失眠、焦虑，是否伴有呕吐（是否为喷射状）、头晕、眩晕、抽搐、嗜睡及意识障碍，感觉及运动异常、精神异常，有无视力障碍、鼻塞、流脓涕现象。

4．患病后诊治经过，以及药物治疗效果。

5．既往和近期有无感染、高血压、动脉硬化、颅脑外伤、肿瘤、脑膜炎、癫痫等；还应询问有无眼、耳、鼻、齿等部位疾病史。

6．询问患者的职业、工作条件，有无毒物接触史。

（二十三）眩晕

1．询问患者起病诱因，什么情况下发病，有无规律性，发作持续的时间，间歇期时间，间歇期是否能够完全缓解，是否仍有症状，发作频率，缓解因素。

2．眩晕的具体感受（自觉周围物体旋转或向一侧移动，或感觉自身旋转、摇晃、上升或下降等）。

3．发作时有无听力下降、耳鸣，与体位有无关系，是否伴有站立不稳、有无行走偏斜与倾倒，有无恶心、呕吐、视力障碍、呼吸困难或伴有其他神经系统症状，有无面色苍白、出汗和脉搏、血压改变等全身症状。

4．既往有无颈椎病、梅尼埃病、心脑血管病等病史，有无用药史。

（二十四）晕厥

1．起病诱因，什么情况下发病，如排尿时、由卧位突然转为坐位或立位、紧张而持久站立、药物注射时，剃须或硬领（致颈动脉窦受压）等，有无规律性，发病时间，发作持续时间。

2．发作有无先兆症状，如头晕、心慌、恶心、肢体软弱无力，发作后有无头痛、眩晕、嗜睡等意识障碍、构语障碍、复视，以及其他脑干缺血的运动和感觉症状。

3．有无颈椎病、心脑血管病等病史，有无用药史。

（二十五）抽搐与惊厥

1．惊厥发生年龄、病程，发作的诱因、持续时间，是否孕妇。

2．发作形式，是全身性还是局限性，呈持续强直性还是间歇阵挛性，缓解因素。

3．发作时意识状态，发作时有无口吐白沫、大小便失禁、舌咬伤、肌痛等。

4．有无高热、脑部疾病、全身性疾病、癔症、毒物接触、外伤等病史。

5．患儿应询问分娩史、生长发育史。

（二十六）意识障碍

1．起病时间，发病前后情况、诱因。

2．意识障碍持续时间，描述意识状态、变化过程，以判断意识障碍的程度。

3．有无发热、头痛、呕吐、腹泻、皮肤黏膜出血，以及感觉、运动障碍等相关伴随症状。

4．有无感染性休克、高血压、动脉硬化、糖尿病、肝肾疾病、肺源性心脏病、癫痫、颅脑外伤、肿瘤等病史，以及服药、服毒、毒物接触史。

附：病历书写的基本要求

病历是指医务人员在医疗活动过程中形成的文字、符号、图表、影像、切片等资料的总和，包括门（急）诊病历和住院病历。

病历书写是指医务人员通过问诊、查体、辅助检查、诊断、治疗、护理等医疗活动获得有关资料，并进行归纳、分析、整理，形成医疗活动记录的行为。

1．病历书写应当客观、真实、准确、及时、完整。

2．住院病历书写应当使用蓝黑笔，门（急）诊病历和需复写的资料可以使用蓝或黑色笔。

3．病历书写应当使用中文和医学术语。通用的外文缩写和无正式中文译名的症状、体征、疾病名称等可以使用外文。

4．病历书写应当文字工整、字迹清晰、表述准确、语句通顺、标点正确。书写过程出现错字时，应当用双线划在错字上，不得采用刮、粘、涂等方法掩盖或去除原有字迹。

5．病历应当按照规定内容书写，并由书写的医务人员签名。

实践期、试用期医务人员书写的病历，应当经过在本医疗机构合法执业的医务人员审阅、修改并签名。

进修医务人员应当由接收进修的医疗机构，根据其胜任本专业工作的实际情况认定后书写病历。

6．上级医务人员有审查、修改下级医务人员书写病历的责任。修改后，应当注明修改日期，修改人员签名，并保持原记录清楚、可辨。

7．因抢救急危患者未能及时书写病历的，有关医务人员应当在抢救结束后 6 h 内据实补记，并加以注明。

8．对于按照有关规定，需取得患者同意方可进行的医疗活动（如特殊检查、特殊治疗、手术、实验性临床医疗等），应当由患者本人签署同意书。若患者不具备完全民事行为能力时，应当由其法定代理人签字；患者因病无法签字时，应当由其近亲属签字；没有近亲属的，由其关系人签字；在法定代理人或近亲属、关系人均无法及时签字的情况下，为抢救患者，可由医疗机构负责人或被授权的责任人签字。

因实施保护性医疗不宜向患者说明情况的，应当将真实情况通知患者近亲属，由近亲属签署同意书，并及时记录。患者无近亲属的，或者近亲属无法签署同意书的，由患者的法定代理人或关系人签署同意书。

病历书写格式见教材相关内容。

【教师小结，布置作业】

学生课后完成符合要求的病历 1 份，提交带教教师批阅。

（袁春秀）

实践指导十二　全身体格检查

【实践目的与要求】

1．熟练掌握全身体格检查内容、顺序、方法并正确完整记录。

2．能识别异常体征并分析其临床意义。

3．能依据病史及病情合理进行全身体检并分清主次，突出重点。

【实践方法】

1．说明全身体检的原则、顺序、基本要求。

2．观看 CAI 课件、讲解。

3．教师示范。

4．同学每二人分组互相练习，教师指导。

5．小结。

【实践地点】

临床技能培训中心检体室。

【实践内容】

一、全身体格检查的基本要求

全身体格检查（general physical examination）是临床医生和医学生的基本功，也是评价和考核医生基本临床技能的重要组成部分。在分段学习各器官系统的检查之后，学生应学会融会贯通，综合应用，面对具体病例应能从头到脚全面系统地、井然有序地进行全身体格检查。个别教科书很少强调这部分内容，学生常需经过较长时间的自我实践，才逐步形成自己的体检习惯，或由于师承不同，个人的领悟和理论联系实际上的差异，这些习惯优劣并存、水平良莠不齐。本实践旨在教给初学者从开始即遵循一定的全身体格检查原则和规范，以保证内容全面系统、顺序合理流畅，以利于提高体格检查的技能和质量。全身体格检查的基本要求如下：

1．全身体格检查的内容务求全面系统，起到搜集尽可能完整客观资料的作用。此外，应重点检查的器官务必细致深入。

2．全身体格检查的顺序应是从头到脚分段进行。强调合理、规范的逻辑顺序，应最大限度地保证体格检查的效率和速度，并且要尽可能减少患者的不适和不必要的体位变动，同时也方便检查者操作。

3．全身体格检查内容、顺序要熟练、规范、顺畅。在不影响整体结果的同时，个别顺序可做适当调整，如甲状腺触诊，可在检查背部时从患者背后予以补充检查；为了避免触诊对肠鸣音的影响，腹部检查可采取视、听、叩、触诊的顺序进行，但仍按视、触、叩、听诊的顺序记录。

4．对具体患者应根据特殊情况灵活对待。如急诊、重症患者，需要简单、重点体检后即着手抢救或治疗，遗留的内容待病情稳定后补充；肛门直肠、外生殖器的检查应根据病情需要确定是否检查，如确需检查，应特别注意保护患者隐私。

5．全身体格检查的顺序　总的原则是先整体后局部，从上到下、由前向后、自外向内、先左后右的顺序进行，检查方法一般是按照视、触、叩、听诊的顺序进行，腹部按视、听、叩、触诊进行。具体检查部位顺序如下：

①卧位患者：一般情况和生命体征→头面颈部→前、侧胸部（心、肺）→（患者取坐位）后背部（包括肺、肾区、脊柱、骶部）→（卧位）腹部→上肢、下肢→肛门直肠→外生殖器→神经系统（最后为站立位）。

②坐位患者：一般情况和生命体征→上肢→头颈部→后背部（包括肺、肾区、脊柱、骶部）→（患者取卧位）前胸部、侧胸部（心、肺）→腹部→下肢→肛门直肠→外生殖器→神经系统（最后站立位）。

这样分段而集中，可以保证体格检查顺利完成，在此过程中患者仅有 2 ~ 3 次体位变动。

6．掌握全身体格检查的进度和时间。为了避免检查给患者带来的不适和负担，一般应尽量在 30 ~ 40 min 内完成，初学者可以适当延长时间。

二、全身体格检查的基本项目（以卧位患者为例）

全身体格检查的基本项目根据上述要求拟定，遵循这一基本内容和逻辑顺序，有利于初学者养成良好的职业习惯和行为规范。这些看似机械、繁琐的项目是全身检查必不可少的，也有利于保质保量地完成住院病历规定的各项要求。由于各项检查手法已在前面器官系统检查教学中反复实践，在此不予赘述。学生按此项目经过反复实践可以熟能生巧，应用自如。

1．一般检查及生命体征

（1）查体前洗手。

（2）准备和清点器械。

（3）自我介绍（姓名、职务，并进行简短交谈以融洽医患关系）。

（4）观察发育、营养、面容、表情和意识等一般状态。

（5）测量体温（腋温，10 min）。

（6）触诊桡动脉至少 30 s。

（7）用双手同时触诊双侧桡动脉，检查其对称性。

（8）计数呼吸频率至少 30 s。

（9）测右上肢血压。

2．头面部及颈部

（10）观察头部外形、毛发分布、异常运动等。

（11）触诊头颅。

（12）视诊双眼及眉毛。

（13）分别检查左右眼的近视力（用近视力表）。

（14）检查双侧下睑结膜、球结膜和巩膜。

（15）检查双侧泪囊。

（16）分别翻转左右上睑，检查上睑结膜、球结膜和巩膜。

（17）检查眼球运动（检查六个方位）。

（18）检查瞳孔直接对光反射。

（19）检查瞳孔间接对光反射。

（20）检查集合反射。

（21）观察双侧外耳及耳后区。

（22）触诊双侧外耳及耳后区。

（23）触诊颞颌关节及其运动。
（24）分别检查双耳听力（检查者摩擦手指，受检者闭目，掩一侧耳）。
（25）观察鼻外形。
（26）触诊鼻。
（27）观察鼻前庭、鼻中隔。
（28）分别检查左右鼻道通气状态。
（29）检查上颌窦，有无肿胀、压痛等。
（30）检查额窦，有无肿胀、压痛等。
（31）检查筛窦，有无压痛。
（32）观察口唇、牙齿、上颚、舌质和舌苔。
（33）借助压舌板检查口腔黏膜、牙齿、牙龈。
（34）借助压舌板检查口咽部及扁桃体（嘱被检者发“啊”音）。
（35）检查舌下神经（伸舌）。
（36）检查三叉神经运动支（触诊双侧咀嚼肌，或以手对抗张口动作）。
（37）检查三叉神经感觉支（上、中、下三支，双侧对比）（被检者闭目）。
（38）检查面神经运动功能（皱额、闭目、露齿、鼓腮或吹口哨，双侧对比）。
（39）暴露颈部，观察颈部外形和皮肤、颈静脉充盈和颈动脉搏动情况。
（40）检查颈抵抗及左右活动情况。
（41）检查布鲁津斯基（Brudzinski）征。
（42）检查副神经（对抗头部旋转及耸肩，双侧对比）。
（43）触诊耳前淋巴结。
（44）触诊耳后淋巴结。
（45）触诊枕后淋巴结。
（46）触诊颌下淋巴结。
（47）触诊颏下淋巴结。
（48）触诊颈前淋巴结。
（49）触诊颈后淋巴结。
（50）触诊锁骨上淋巴结。
（51）触诊甲状软骨（以确定甲状腺的检查部位）。
（52）触诊甲状腺峡部（配合吞咽）
（53）触诊甲状腺侧叶（配合吞咽），触诊可疑者，需增加坐位背面检查。
（54）分别触诊左右颈动脉。
（55）触诊气管位置。
（56）听诊颈部（甲状腺、血管）杂音。

3．前、侧胸部

（57）暴露胸部。
（58）观察胸部外形、对称性、皮肤和呼吸运动等。
（59）触诊左侧乳房（四个象限及乳头）。
（60）触诊右侧乳房（四个象限及乳头）。
（61）用右手触诊左侧腋窝淋巴结（五群）。
（62）用左手触诊右侧腋窝淋巴结（五群）。
（63）触诊胸壁弹性、有无压痛。
（64）检查双侧胸廓扩张度（呼吸动度）。

（65）检查有无胸膜摩擦感。

（66）检查双侧触觉语颤（上、中、下，双侧对比）。

（67）叩诊双肺（自肺尖开始向下，前胸、侧胸双侧对比）。

（68）听诊双肺（自肺尖开始向下，前胸、侧胸双侧对比，有无异常呼吸音、啰音、胸膜摩擦音）。

（69）检查双侧语音共振（双侧对比）。

（70）切线方向观察心尖冲动、心前区搏动。

（71）触诊心尖冲动（两步法触诊心尖冲动位置、范围、强度、有无震颤）。

（72）触诊心前区有无异常（震颤、摩擦感）。

（73）叩诊心脏左侧相对浊音界。

（74）叩诊心脏右侧相对浊音界。

（75）测量心界大小，测量左锁骨中线距前正中线的距离。

（76）听诊二尖瓣区。

（77）听诊肺动脉瓣区。

（78）听诊主动脉瓣区

（79）听诊主动脉瓣第二听诊区。

（80）听诊三尖瓣区。

各瓣膜区听诊内容主要是心率（至少数 30 s）、心律、心音（第一、第二心音有无增强或减弱、第一或第二心音有无分裂、有无附加音）、有无杂音（部位、时期、性质、强度、传导、与呼吸体位的关系等）、有无心包摩擦音，必要时增加其他部位或配合呼吸、转换体位听诊。

4．背部

（81）请被检者坐起，充分暴露背部。

（82）观察脊柱、胸廓外形及呼吸运动。

（83）检查胸廓活动度及其对称性。

（84）检查双侧触觉语颤。

（85）检查有无胸膜摩擦感。

（86）嘱被检者双上肢交叉。

（87）叩诊双侧后胸部。

（88）叩诊双侧肺下界（腋中线、肩胛线）。

（89）叩诊双侧肺下界移动度（肩胛线）。

（90）听诊双侧后胸部（有无异常呼吸音、啰音，双侧对比）。

（91）听诊有无胸膜摩擦音。

（92）检查双侧语音共振（双侧对比）。

（93）触诊脊柱有无畸形、压痛。

（94）直接、间接叩诊法检查脊柱有无叩击痛。

（95）检查双侧肋脊点和肋腰点有无压痛。

（96）检查双侧肾区有无叩击痛。

5．腹部

（97）正确暴露腹部。

（98）嘱被检者屈膝、放松腹肌，双上肢置于躯干两侧。

（99）观察腹部外形、对称性、腹式呼吸、腹壁情况、脐等。

（100）听诊肠鸣音。

（101）听诊腹部有无血管杂音。

(102）叩诊全腹。
(103）叩诊肝上界。
(104）叩诊肝下界。
(105）检查肝区、脾区有无叩击痛。
(106）检查移动性浊音。
(107）浅触诊全腹部（自左下腹开始、逆时针）。
(108）深触诊全腹部（自左下腹开始、逆时针）。
(109）在右锁骨中线上双手法触诊肝。
(110）在前正中线上双手法触诊肝。
(111）检查肝 - 颈静脉回流征。
(112）检查 Murphy 征。
(113）双手法触诊脾。
(114）如未能触及脾，嘱被检者右侧卧位，再触诊脾。
(115）双手法触诊肾。
(116）检查腹部痛觉（或触觉，双侧对比）。
(117）检查腹壁反射（上、中、下双侧对比）。

6．上肢

(118）正确暴露上肢。
(119）观察上肢皮肤、关节等（双侧对比）。
(120）观察双手及指甲（双侧对比）。
(121）触诊指间关节和掌指关节。
(122）检查指关节运动。
(123）检查双手握力。
(124）触诊腕关节。
(125）检查腕关节运动。
(126）触诊双肘鹰嘴和肱骨髁状突。
(127）触诊滑车上淋巴结。
(128）检查肘关节运动。
(129）检查屈肘、伸肘的肌力。
(130）暴露肩部。
(131）视诊肩部外形。
(132）触诊肩关节及其周围。
(133）检查肩关节运动。
(134）检查肱二头肌反射（双侧对比）。
(135）检查肱三头肌反射（双侧对比）。
(136）检查桡骨骨膜反射（双侧对比）。
(137）检查 Hoffmann 征。
(138）检查双上肢共济运动（指鼻、快速轮替）。
(139）检查上肢痛觉（或触觉，双侧对比）。

7．下肢

(140）正确暴露下肢，观察双下肢外形、皮肤、趾甲、是否等长等。
(141）触诊腹股沟区有无肿块、疝等。
(142）触诊腹股沟淋巴结横组。

（143）触诊腹股沟淋巴结纵组。
（144）触诊股动脉搏动，必要时听诊。
（145）检查髋关节屈曲、内旋、外旋运动。
（146）检查双下肢近端肌力（屈髋、伸膝）。
（147）触诊膝关节和浮髌试验。
（148）检查膝关节屈曲运动。
（149）检查有无凹陷性水肿。
（150）触诊踝关节及跟腱。
（151）触诊双侧足背动脉。
（152）检查踝关节背伸、跖屈运动。
（153）检查双足背伸、跖屈肌力。
（154）检查屈趾、伸趾运动。
（155）检查膝腱反射。
（156）检查跟腱反射。
（157）检查髌阵挛。
（158）检查踝阵挛。
（159）检查 Babinski 征。
（160）检查 Babinski 征等位征。
（161）检查 Kernig 征。
（162）检查 Lasegue 征。
（163）检查双下肢共济运动（跟膝胫运动）。
（164）检查下肢痛觉（或触觉，双侧对比）。

8．肛门直肠（仅必要时检查）

（165）嘱被检者左侧卧位，右腿屈曲。
（166）观察肛门、肛周、会阴区。
（167）戴上手套，示指涂以液状石蜡润滑剂进行直肠指检。
（168）观察指套有无分泌物。

9．外生殖器（仅必要时检查）

（169）解释检查的必要性，注意保护隐私。
（170）确认膀胱已排空，被检者取仰卧位。

男性：

（171）视诊阴毛、阴茎、冠状沟、龟头、包皮。
（172）视诊尿道外口。
（173）视诊阴囊，必要时作提睾反射。
（174）触诊双侧睾丸、附睾、精索。

女性：

（175）视诊阴毛、阴阜、大小阴唇、阴蒂。
（176）视诊尿道口及阴道口。
（177）触诊阴阜、大小阴唇。
（178）触诊尿道旁腺、巴氏腺。

10．共济运动、步态与腰椎运动

（179）嘱被检者站立。
（180）检查 Romberg 试验（闭目难立征）（睁眼、闭眼）。

（181）检查颈椎活动（伸、屈、侧弯、转头）。
（182）检查腰椎活动（伸、屈、侧弯、旋转）。
（183）观察步态。

三、全身体格检查结果的叙述及记录基本要求

1．描述语言应使用医学术语及书面用语，内容系统全面，文字简练，概括性强，勿用符号如“+”“-”表示。

2．不要记录检查方法或过程，如瞳孔见光立即缩小、叩击肌腱肌肉立即收缩等，只描述检查结果，如双侧瞳孔对光反应灵敏。

3．检查结果　视诊内容可以用“无”“未见”，阳性体征要描述体征类型或名称（如丘疹、瘢痕等）、部位、大小、数量、形态、颜色等。触诊结果描述为：未触及，阳性体征记录部位、大小、形态、压痛、表面及边缘、搏动、局部皮肤温度变化等。叩诊记录有无叩击痛、某种叩诊音（如双肺叩清音）、脏器界限的具体位置等。听诊记录为未闻及……音，或某部位可闻及……音，描述其频率、节律、强度、性质等等。尽量不要使用结论性语言，如正常、无异常等，可以表述为未见异常。

4．关节活动功能描述为有无受限；各生理反射记录为存在、活跃、增强、减弱或消失，且双侧对比；阵挛、病理反射、Kernig 征、Brudzinski 征及某些综合征可记录为阴性或阳性；肌张力描述为正常、增强或减弱；感觉功能检查记录为正常、减退、消失、过度等。

【教师小结，布置作业】

反复练习直至达到实践目的要求，并能通过技能考核。

（王　芳　陈　萍）

实验指导十三　正常心电图检查

【实践目的与要求】

1．熟悉心电图检查的临床应用范围。
2．学会心电图机的正确使用。
3．熟悉正常心电图各波的命名及测量。
4．掌握正常心电图各波形特点和正常值。

【实践方法】

1．操作心电图机，在教师指导下，每人做一份完整的心电图。
2．分析正常心电图。

【实践地点】

心电图室。

【实践内容】

一、标准肢体导联（双极导联）

Ⅰ导联　左上肢电极连于心电图机正极，右上肢连于负极。
Ⅱ导联　左下肢电极连于心电图机正极，右上肢连于负极。
Ⅲ导联　左下肢电极连于心电图机正极，左上肢连于负极。

二、加压肢体导联（单极导联）

aVR（加压单极右上肢导联）　右上肢探查电极与心电图机正极相连，左上肢和左下肢连接在一起为无关电极，与负极相连。

aVL（加压单极左上肢导联）　左上肢探查电极与心电图机正极相连，右上肢和左下肢连接在一起为无关电极，与负极相连。

aVF（加压单极左下肢导联）　左下肢探查电极与心电图机正极相连，右上肢和左上肢连接在一起为无关电极，与负极相连。

三、胸前导联（单极导联）

中心电端与心电图机负极相连，探查电极与心电图机正极相连，探查电极位置如下：

V_1　胸骨右缘第 4 肋间
V_2　胸骨左缘第 4 肋间
V_3　V_2 与 V_4 连线的中点
V_4　左锁骨中线第 5 肋间
V_5　左腋前线同 V_4 水平

V_6　左腋中线同 V_4 水平

有时为观察心室后壁的变化，会加做背部导联，探查电极分别放置于左腋后线与 V_4 平行位置（V_7 导联）、左肩胛下角线与 V_4 平行位置（V_8 导联）、脊椎左缘与 V_4 平行位置（V_9 导联）。如果将探查电极放置于右侧胸部与左胸 V_3 ~ V_9 导联相对称的位置，记录的是右心室相应导联图形，记录为 V_3R ~ V_9R。

【教师小结，布置作业】

1．掌握正常心电图各波形特点和正常值。

2．课后书写实践报告，提交教师批阅。

（张　敏）

实践指导十四　常见异常心电图及异常心律失常

【实践目的与要求】

1．熟悉心电轴、心房及心室肥大心电图特点。

2．掌握心肌缺血与心肌梗死的心电图表现。

3．了解心肌梗死的鉴别。

4．掌握期前收缩的心电图诊断（室性期前收缩、房性期前收缩、交界性期前收缩）。

5．了解异位性心动过速（阵发性室上性心动过速、室性心动过速、心房扑动、心房颤动、心室扑动、心室颤动）。

6．掌握房室传导阻滞的心电图诊断（一度房室传导阻滞、二度房室传导阻滞、三度房室传导阻滞）。

7．了解室内传导阻滞（右束支传导阻滞、左束支传导阻滞）。

8．了解预激综合征的心电图诊断。

9．了解电解质紊乱和药物对心电图的影响。

【实践方法】

1．展示常见异常心电图的典型图片，教师结合心电图讲解诊断要点。

2．展示部分典型心电图，学生做出诊断，教师小结。

3．课堂小结，再次强调重点心电图的诊断要点。

【实践地点】

临床技能培训中心多媒体教室。

【实践内容】

一、心房、心室肥大的心电图表现

（一）心房肥大

1．右心房肥大。

2．左心房肥大。

3．双心房肥大。

（二）心室肥大

1．右心室肥大。

2．左心室肥大。

3．双心室肥大。

二、心肌缺血与心肌梗死的心电图诊断

（一）心肌缺血的心电图类型

1．心内膜下心肌缺血。

2. 心外膜下心肌缺血。

（二）损伤型心电图改变

1. 心内膜下心肌损伤。
2. 心外膜下心肌损伤。
3. 鉴别诊断（心肌病、心肌炎、肺心病、心脏瓣膜病、先天性心脏病、急性肺栓塞等）。

（三）心肌梗死的心电图诊断

1. 心肌梗死的心电图动态演变及分期

（1）超急期（早期）：高大直立的T波，ST段斜型抬高。

（2）急性期：ST段弓背向上抬高，异常Q波出现，T波倒置。

（3）亚急性期（近期）：ST段恢复至基线，T波倒置由深变浅，Q波持续存在。

（4）陈旧期（愈合期）：遗留坏死型Q波。

2. 心肌梗死的心电图定位诊断。

3. 心肌梗死的不典型图形改变和鉴别诊断。

三、常见心律失常

（一）窦性心律失常

1. 窦性心律的心电图特征。
2. 窦性心动过速的心电图特征。
3. 窦性心动过缓的心电图特征。
4. 窦性心律不齐的心电图特征。
5. 窦性停搏的心电图特征。

（二）期前收缩

1. 室性期前收缩。
2. 房性期前收缩。
3. 交界性期前收缩。

（三）异位性心动过速

1. 阵发性室上性心动过速。
2. 室性心动过速。
3. 心房扑动。
4. 心房颤动。
5. 心室扑动。
6. 心室颤动。

（四）房室传导阻滞和室内传导阻滞

1. 一度　P-R间期延长（P-R > 0.20 s，老年人P-R > 0.22 s）。
2. 二度　部分P波后QRS脱落，又分二度Ⅰ型、二度Ⅱ型。
3. 三度　P波与QRS波毫无关系。
4. 束支传导阻滞　右束支、左束支。

（五）预激综合征的心电图表现

（六）其他常见心电图表现

高钾血症、低钾血症的心电图改变，高钙血症、低钙血症的心电图改变；洋地黄效应、洋地黄中毒的心电图改变。

【教师小结，布置作业】

课后书写实践报告，提交授课教师批阅。

（张　敏）

第二篇　实践报告

实践报告一　一般检查及头颈部检查

实践目的	

检查者		被检者		性别		年龄		时间	

全身状态	T　　℃	P　　次 / 分
	R　　次 / 分	BP　　mmHg
	身高	体重
	发育与体型	营养
	面容与表情	体位
	步态与姿势	意识
皮肤黏膜	颜色	弹性
	水肿	皮疹
	出血点	蜘蛛痣与肝掌
	皮下结节	毛发
淋巴结		
头部	头颅	视力
	眼睑	眼球
	角膜	结膜
	巩膜	瞳孔外形
	对光反射	集合反射
	耳廓及外耳道	乳突

续表

头部	听力	鼻
	鼻窦	口唇
	口腔黏膜	牙及牙龈
	舌	咽
	扁桃体	腮腺
颈部	外形、活动	动脉
	静脉	气管
	甲状腺	
结论		
小结		

实践报告二　胸部及肺检查

<table>
<tr><td colspan="2">实践目的</td><td colspan="4"></td></tr>
<tr><td colspan="2">检查者</td><td colspan="4"><table><tr><td></td><td>被检者</td><td></td><td>性别</td><td></td><td>年龄</td><td></td><td>检查时间</td><td></td></tr></table></td></tr>
<tr><td colspan="2" rowspan="3">胸廓与胸壁</td><td>胸廓</td><td colspan="3"></td></tr>
<tr><td>乳房</td><td colspan="3"></td></tr>
<tr><td>胸壁压痛</td><td colspan="3"></td></tr>
<tr><td rowspan="14">肺</td><td>视诊</td><td>呼吸运动</td><td colspan="3"></td></tr>
<tr><td rowspan="3">触诊</td><td>呼吸动度</td><td colspan="3"></td></tr>
<tr><td>语音震颤</td><td colspan="3"></td></tr>
<tr><td>胸膜摩擦感</td><td colspan="3"></td></tr>
<tr><td rowspan="7">叩诊</td><td rowspan="4">正常前胸叩诊音的分布范围</td><td>清音</td><td colspan="2"></td></tr>
<tr><td>浊音</td><td colspan="2"></td></tr>
<tr><td>实音</td><td colspan="2"></td></tr>
<tr><td>鼓音</td><td colspan="2"></td></tr>
<tr><td>肺尖宽度</td><td colspan="2">右　　　cm</td><td>左　　　cm</td></tr>
<tr><td rowspan="2">肺下界</td><td>肩胛线</td><td>右　　　肋间</td><td>左　　　肋间</td></tr>
<tr><td>移动度</td><td>右　　　cm</td><td>左　　　cm</td></tr>
<tr><td rowspan="3">听诊</td><td rowspan="3">正常呼吸音的特点及分布范围</td><td>支气管呼吸音</td><td colspan="2"></td></tr>
<tr><td>支气管肺泡呼吸音</td><td colspan="2"></td></tr>
<tr><td>肺泡呼吸音</td><td colspan="2"></td></tr>
</table>

续表

肺	听诊	呼吸音听诊情况	
		啰音	
		胸膜摩擦音	
结论			
小结			

实践报告三　心脏及血管检查

<table>
<tr><td>实践目的</td><td colspan="9"></td></tr>
<tr><td>检查者</td><td></td><td>被检者</td><td></td><td>性别</td><td></td><td>年龄</td><td></td><td>检查时间</td><td></td></tr>
<tr><td rowspan="2">视诊</td><td>心前区</td><td colspan="8"></td></tr>
<tr><td>心尖冲动</td><td colspan="8"></td></tr>
<tr><td rowspan="2">触诊</td><td>震颤</td><td colspan="8"></td></tr>
<tr><td>心包摩擦感</td><td colspan="8"></td></tr>
<tr><td rowspan="7">叩诊</td><td rowspan="7">心浊音界</td><td colspan="8">心脏相对浊音界</td></tr>
<tr><td colspan="4">右　　cm</td><td>肋间</td><td colspan="3">左　　cm</td></tr>
<tr><td colspan="4"></td><td>2</td><td colspan="3"></td></tr>
<tr><td colspan="4"></td><td>3</td><td colspan="3"></td></tr>
<tr><td colspan="4"></td><td>4</td><td colspan="3"></td></tr>
<tr><td colspan="4"></td><td>5</td><td colspan="3"></td></tr>
<tr><td colspan="8">左锁骨中线至前正中线距离　　cm</td></tr>
<tr><td rowspan="6">听诊</td><td>心率</td><td colspan="4">次 / 分</td><td>节律</td><td colspan="3"></td></tr>
<tr><td rowspan="3">正常心音特点</td><td>第一心音</td><td colspan="7"></td></tr>
<tr><td>第二心音</td><td colspan="7"></td></tr>
<tr><td>A_2 与 P_2</td><td colspan="7"></td></tr>
<tr><td>实际心音听诊</td><td colspan="8"></td></tr>
<tr><td>附加心音</td><td colspan="8"></td></tr>
</table>

续表

<table>
<tr><td rowspan="5">听诊</td><td rowspan="4">心脏杂音</td><td>部位</td><td></td><td>时期</td><td></td></tr>
<tr><td>性质</td><td></td><td>强度</td><td></td></tr>
<tr><td>传导</td><td colspan="3"></td></tr>
<tr><td>临床意义</td><td colspan="3"></td></tr>
<tr><td colspan="2">心包摩擦音</td><td colspan="3"></td></tr>
<tr><td colspan="3">周围血管征</td><td colspan="3"></td></tr>
<tr><td>结论</td><td colspan="5"></td></tr>
<tr><td>小结</td><td colspan="5"></td></tr>
</table>

实践报告四（一） 腹部检查

实践目的	

检查者		被检者		性别		年龄		检查时间	

视诊	腹部外形			
	呼吸运动			
	腹壁静脉			
	腹壁皮肤			
	胃肠型及蠕动波			
触诊	腹肌紧张度			
	压痛			
	反跳痛			
	腹部包块			
	液波震颤			
	肝			
	脾			
	胆囊		Murphy 征	
	肾			
叩诊	肝	肝上界	肋间	
		肝浊音区（肝径）	cm	
	脾浊音区（脾径）	cm		

续表

叩诊	肝区脾区叩击痛	
	移动性浊音	
听诊	肠鸣音	
	血管杂音	
	振水音	
结论		
小结		

实践报告四（二） 脊柱、四肢检查

<table>
<tr><td>实践目的</td><td colspan="9"></td></tr>
<tr><td>检查者</td><td></td><td>被检者</td><td></td><td>性别</td><td></td><td>年龄</td><td></td><td>检查时间</td><td></td></tr>
<tr><td rowspan="6">脊柱</td><td colspan="2">外形</td><td colspan="7"></td></tr>
<tr><td colspan="2">颈椎、腰椎活动度</td><td colspan="7"></td></tr>
<tr><td colspan="2">压痛</td><td colspan="7"></td></tr>
<tr><td colspan="2">叩击痛</td><td colspan="7"></td></tr>
<tr><td colspan="2">Lasegue 征</td><td colspan="7"></td></tr>
<tr><td colspan="2">拾物试验</td><td colspan="7"></td></tr>
<tr><td rowspan="4">四肢与关节</td><td rowspan="4">上肢</td><td>外形</td><td colspan="7"></td></tr>
<tr><td>指</td><td colspan="7"></td></tr>
<tr><td>关节视触诊</td><td colspan="7"></td></tr>
<tr><td>关节活动度</td><td colspan="7"></td></tr>
</table>

续表

四肢与关节	下肢	外形	
		关节视触诊	
		关节活动度	
		浮髌试验	
		静脉曲张	
结论			
小结			

实践报告五　神经系统检查

<table>
<tr><td>实践目的</td><td colspan="9"></td></tr>
<tr><td>检查者</td><td></td><td>被检者</td><td></td><td>年龄</td><td></td><td>性别</td><td></td><td>实践时间</td><td></td></tr>
<tr><td>意识、精神状态、大脑高级功能</td><td colspan="9"></td></tr>
<tr><td>脑神经</td><td colspan="9"></td></tr>
<tr><td>运动系统</td><td colspan="9"></td></tr>
<tr><td rowspan="5">感觉系统</td><td rowspan="3" colspan="3">浅感觉</td><td colspan="2">痛觉</td><td colspan="4"></td></tr>
<tr><td colspan="2">触觉</td><td colspan="4"></td></tr>
<tr><td colspan="2">温度觉</td><td colspan="4"></td></tr>
<tr><td rowspan="2" colspan="3">深感觉</td><td colspan="2">运动觉</td><td colspan="4"></td></tr>
<tr><td colspan="2">位置觉</td><td colspan="4"></td></tr>
</table>

续表

浅反射	角膜反射 （未查）	深反射	肱二头肌反射
	腹壁反射（上）		肱三头肌反射
	腹壁反射（中）		桡骨膜反射
	腹壁反射（下）		膝腱反射
	提睾反射 （未查）		跟腱反射
	跖反射		髌阵挛
			踝阵挛
病理反射	Babinski 征	脑膜刺激征	颈强直
	Chaddock 征		Kernig 征
	Oppenheim 征		Brudzinski 征
	Gordon 征		/
结论			
小结			

实践报告六　正常心电图

实践目的							
被检者		性别		年龄		检查时间	
心律		心电轴		心房率		心室率	
P-R 间期		QRS 时限		Q-T 间期			
P 波	形态		方向		时限		
	肢导联最高电压		胸导联最高电压				
QRS 波 ST 段 T 波	Ⅰ导联						
	Ⅱ导联						
	Ⅲ导联						
	aVR 导联						
	aVL 导联						

续表

QRS 波 ST 段 T 波	aVF 导联		
	V_1 导联		
	V_2 导联		
	V_3 导联		
	V_4 导联		
	V_5 导联		
	V_6 导联		
诊断			
小结			
报告者		报告日期	

心电图粘贴纸

实践报告七　异常心电图

请依据心电图做出诊断并写出诊断依据：

1．患者男性，52 岁，高血压病史 20 年，近来活动后胸闷、气短，心电图见下图：(15 分)

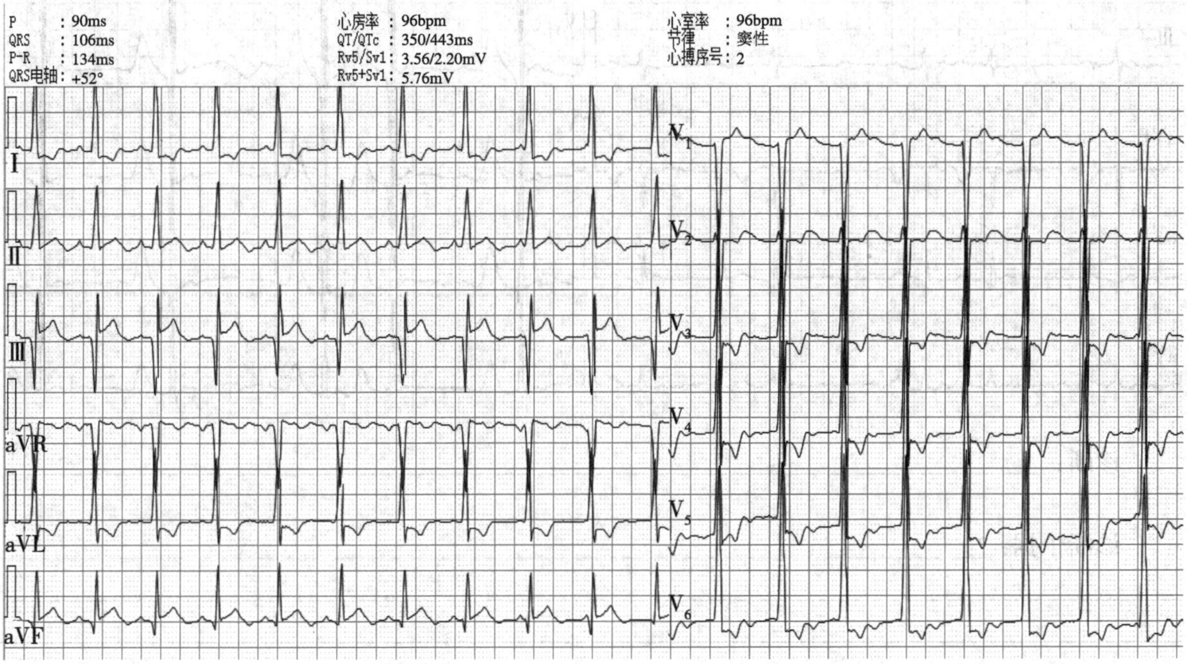

诊断：____

诊断依据：____

____

____

____

____

2．患者，女性，30 岁，近 1 年出现心悸，无胸闷、胸痛等症状，心脏彩超正常，心电图见下图：(15 分)

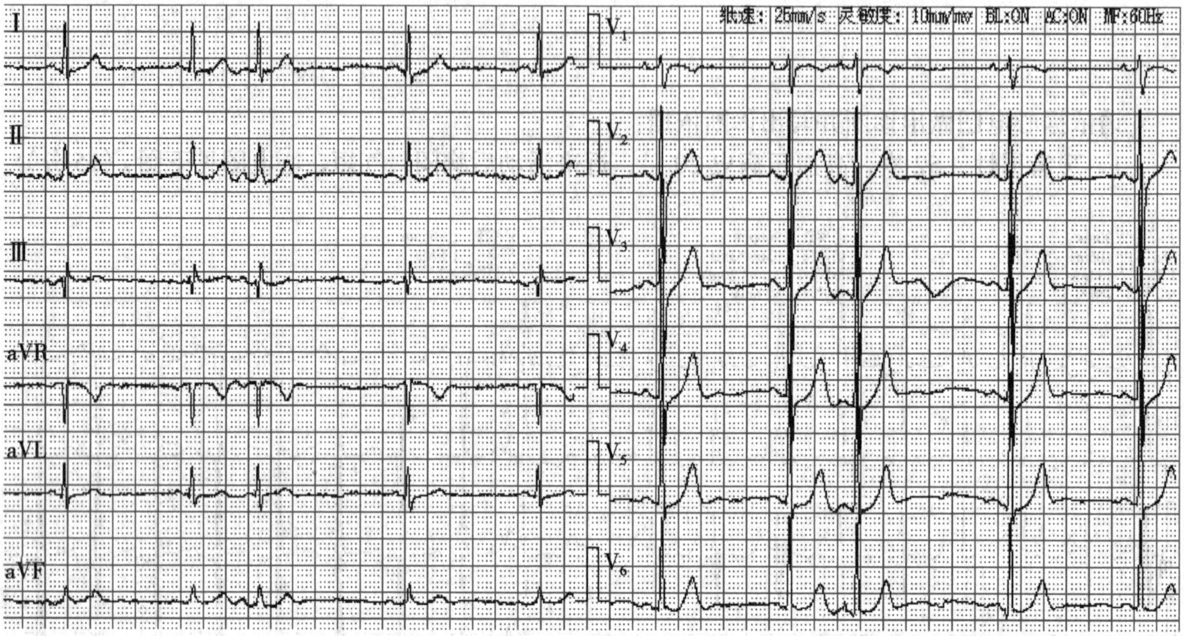

诊断：

诊断依据：

3．患者女性，56 岁，风湿性心脏病 20 年，近 1 个月心悸、胸闷，心电图见下图：(15 分)

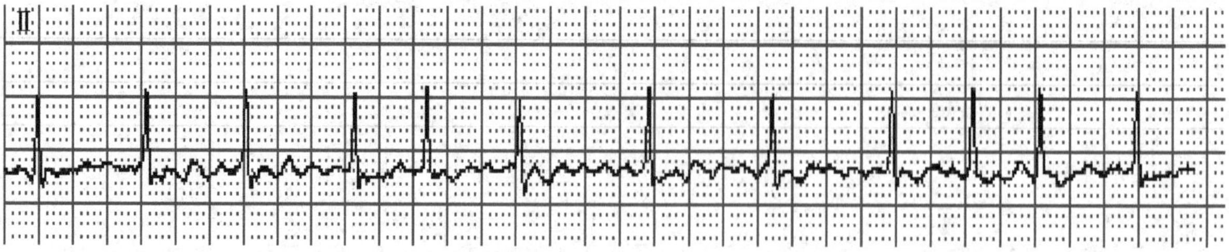

诊断：

诊断依据：

4．男性，40 岁，近 2 个月出现心悸、胸闷不适，心电图见下图：(15 分)

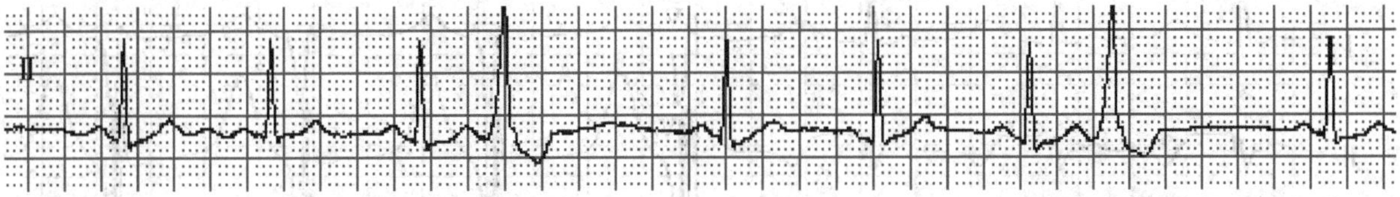

诊断：____

诊断依据：____

____

____

____

____

5．患者女性，65 岁，近 1 年出现头晕、乏力，无心悸、胸闷、胸痛等症状，心电图见下图：(15 分)

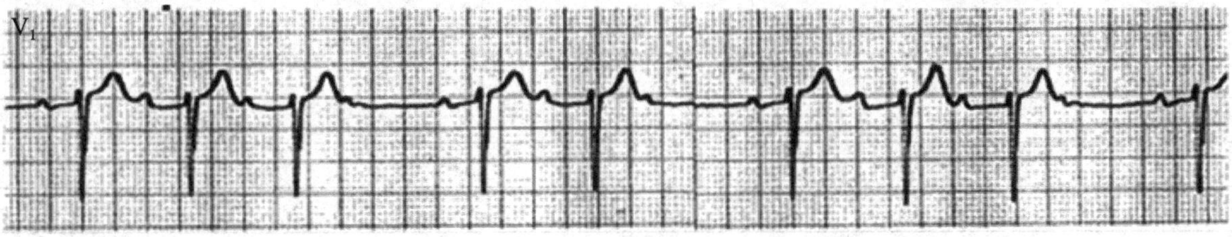

诊断：____

诊断依据：____

____

____

____

____

6．女性，76 岁，有冠心病史 5 年，因胸痛 7 h 住院，心电图如下图：(25 分)

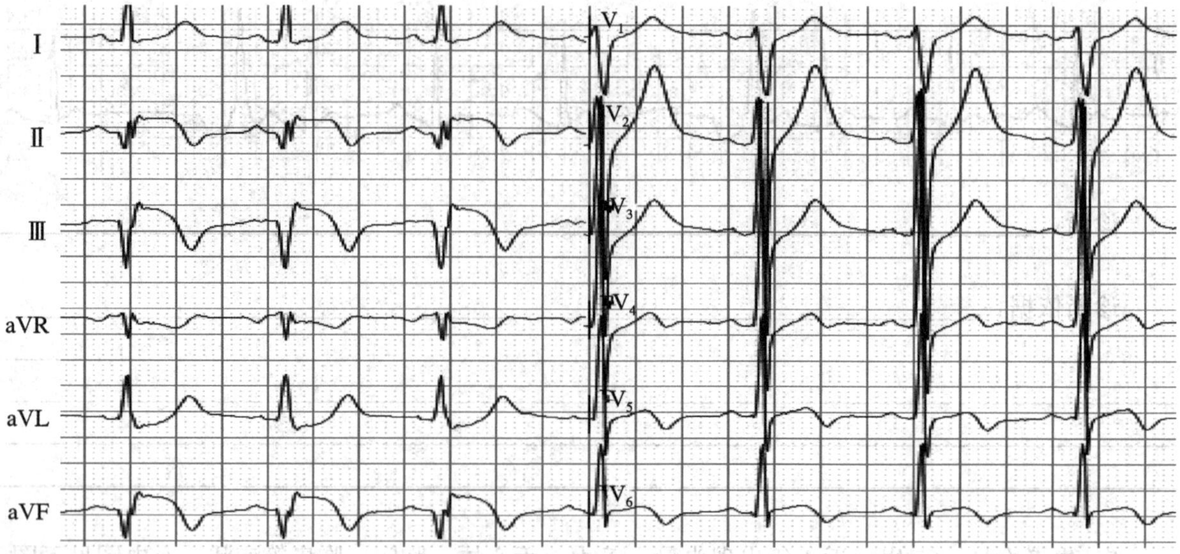

诊断：________________

诊断依据：________________

（张　敏）

实践报告八 住院病历书写

姓名________ 住院号________

姓名	民族	病史陈述者
性别	职业	可靠程度
年龄	籍贯	入院日期
婚姻	住址	记录日期
电话	入院科室	
主诉：		
现病史：		
既往史：		
个人史：		

病历记录

姓名________ 住院号________

婚姻史：		
月经、生育史：		
家族史：		
体格检查		
体温：__________ 脉搏：__________	呼吸：__________	血压：__________
一般情况		
发育：	营养：	体位：
步态：	表情：	面容：
配合与否：	神志：	精神状态：
皮肤黏膜		
色泽：	弹性：	肝掌：
温度：	湿度：	
皮疹：	水肿：	
皮下出血：	毛发分布：	
其他：		
淋巴结		
头部		
头颅：	畸形：	
异常运动：	其他异常：	
眼		
眼睑：	结膜：	
巩膜：	角膜：	
瞳孔：	对光反射：	
其他：		

病历记录

姓名________　　　　　　　　　　　　　　　　　　　　住院号________

耳		
耳廓：	外耳道分泌物：	
听力：	乳突压痛：	
鼻		
外形：	鼻旁窦压痛：	
其他：		
口腔		
口唇：	黏膜：	
腮腺：	牙龈：	
齿列：	舌：	
扁桃体：	咽部：	
发声：	口腔气味：	
颈部		
外观：	气管：	颈部运动：
颈静脉：	肝颈静脉回流征：	
颈动脉：	甲状腺：	
胸部		
胸廓：	胸壁静脉曲张：	
胸部压痛：	乳房：	
肺		
视诊：呼吸运动：	肋间隙：	
触诊：呼吸动度：		
其他异常：		
叩诊：叩诊音：		
肺下界：右锁骨中线：		
左腋中线：	右腋中线：	
左肩胛下角线：	右肩胛下角线：	
肺下界移动度：左：	右：	

病历记录

姓名________ 住院号________

听诊：呼吸音：

其他异常：

心脏

视诊：心前区： 心尖冲动：

触诊：心前区：

心尖冲动：

叩诊：心界：

右（cm）	肋间	左（cm）
	第 2	
	第 3	
	第 4	
	第 5	

左锁骨中线距前正中线距离：________cm

听诊：心率： 心律：

期前收缩： 杂音：

心音：S_1： S_2：

S_3： S_4：

A_2： P_2：

杂音与呼吸、体位的关系：

周围血管征： 桡动脉：

腹部

视诊：外形： 腹壁静脉曲张：

腹式呼吸： 其他异常：

触诊：腹壁紧张度： 压痛及反跳痛：

腹部包块：

肝： 胆囊：

脾： 肾：

液波震颤： 振水音：

输尿管压痛点：

病历记录

姓名________　　　　　　　　　　　　　　　　　　　　　　　　住院号________

叩诊：叩诊音：	移动性浊音：
肝浊音界：	肝上界位于右锁骨中线上第____肋间
肝区叩击痛：	脾区叩击痛：
肾区叩击痛：	其他异常：
脊柱四肢	
脊柱外形：	各棘突叩击痛：
脊柱叩击痛：	
四肢：	关节：
神经系统	
肌力：　左上肢：	左下肢：
右上肢：	右下肢：
肌张力：　左上肢：	左下肢：
右上肢：	右下肢：
肱二头肌反射：左：	右：
肱三头肌反射：左：	右：
桡骨膜反射：左：	右：
膝腱反射：左：	右：
跟腱反射：左：	右：
Babinski 征：左：	右：
Hoffmann 征：左：	右：
腹壁反射：左：	右：
脑膜刺激征：	
共济、步态检查：	
专科情况：	
住院前辅助检查：	

病历记录

姓名________　　　　　　　　　　　　　　　　　　　　　　　　住院号________

初步诊断：	
病历记录者：	日期：
病历审阅者：	日期：
修正诊断：	
诊断修正者：	日期：

（袁春秀）

附录：全身体格检查考核评分标准及考核情况登记表

一、总体评分

序号	内容	分值	扣分
1	仪容仪表：穿戴整洁，举止得体	1分	
2	自我介绍	1分	
3	被检者在场时洗手	1分	
4	准备及清点器械	1分	
5	被检者体位及检查者站位	1分	
6	检查顺序、与被检者的语言及情感沟通、医学人文关怀	2分	
7	口述检查结果，语言表达准确完整	2分	
8	完成考试用时	1分	
合计		10分	

二、一般检查和头颈部检查

序号	内容	分值	扣分
1	观察发育、营养、面容、体位、表情和意识	0.5	
2	测量体温：检查体温表、测温、读表	0.5	
3	触诊桡动脉至少 30 s（频率、节律），双手同时触诊双侧桡动脉，检查其对称性（强度）	0.5	
4	计数并报告呼吸频率至少 30 s	0.5	
5	测右上肢血压（定位、袖带松紧度、2 次测压）	1	
6	观察头部外形、毛发分布、异常运动等、触诊头颅	0.5	
7	视诊双眼及双眉	0.5	
8	检查上、下睑结膜，球结膜和巩膜，泪囊	0.5	
9	检查眼球运动（检查六个方位）	0.5	
10	对比观察瞳孔形状、大小，检查瞳孔对光直接反射、间接对光反射，集合反射	1	
11	观察双侧外耳及耳后区，触诊双侧外耳及耳后区，触诊颞颌关节及其运动，分别检查双耳听力（摩擦手指）	0.5	
12	观察外鼻，触诊外鼻，观察鼻前庭、鼻中隔，分别检查左右鼻道通气情况	0.5	
13	检查额窦、上颌窦、筛窦	0.5	
14	观察口唇、颊黏膜、牙齿、牙龈、口底、上腭、舌质和舌苔	0.5	
15	借助压舌板检查口咽部及扁桃体	0.5	
16	检查舌下神经（伸舌）	0.5	
17	检查面神经运动功能（皱额、闭目、露齿、鼓腮或吹口哨）	0.5	
18	检查三叉神经运动支、感觉支（上、中、下三支）	0.5	
19	正确暴露颈部，观察颈部外形和皮肤、颈静脉充盈和颈动脉搏动情况，检查颈椎屈伸及左右活动情况，报告检查结果	1	
20	检查副神经	0.5	
21	触诊耳前、耳后、枕后、颌下、颏下、颈前、颈后、锁骨上淋巴结	1	
22	视诊甲状腺，触诊甲状软骨、甲状腺峡部、侧叶（配合吞咽）	1	
23	分别触诊左右颈动脉	0.5	
24	触诊气管位置	0.5	
25	听诊颈部（甲状腺、颈部血管杂音）	0.5	
合计		15 分	

三、胸廓、胸壁、肺及胸膜检查

序号	内容	分值	扣分
1	暴露胸部，观察胸部外形、对称性、皮肤和呼吸运动等	0.5	
2	触诊左侧、右侧乳房（四个象限及乳头）	2	
3	用右手触诊左侧腋窝淋巴结（五群） 用左手触诊右侧腋窝淋巴结（五群）	2	
4	触诊胸壁弹性、有无压痛	0.5	
5	检查双侧呼吸动度	0.5	
6	检查有无胸膜摩擦感	0.5	
7	检查双侧触觉语颤（上、中、下，双侧对比）	0.5	
8	间接法叩诊双肺，自肺尖起始至肺底（前侧胸双侧对比、叩诊方法正确）	4	
9	听诊双肺，自肺尖起始至肺底（有无异常呼吸音、啰音、胸膜摩擦音，双侧对比）	4	
10	检查双侧语音共振（上、中、下，双侧对比）	0.5	
合计		15分	

四、心脏检查

序号	内容	分值	扣分
1	切线方向观察心前区、心尖冲动	1	
2	触诊心尖冲动（两步法触诊搏动、位置、有无震颤）	1	
3	触诊心前区（有无震颤、摩擦感）	1	
4	叩诊心脏左侧相对浊音界（确定起始点，自下而上）	3	
5	叩诊心脏右侧相对浊音界（叩肝上界确定起始点，自下而上）	3	
6	正确测量并汇报心界（含左锁骨中线至前正中线距离）	2	
7	按顺序听诊二尖瓣听诊区、肺动脉瓣听诊区、主动脉瓣听诊区、主动脉瓣第二听诊区、三尖瓣听诊区（频率、节律、心音、杂音、心包摩擦音）	4	
合计		15分	

五、背部检查

序号	内容	分值	扣分
1	请被检者坐起，充分暴露背部，观察脊柱、胸廓外形及呼吸运动	0.5	
2	检查胸廓活动度及其对称性	0.5	
3	检查双侧触觉语颤	1	
4	检查有无胸膜摩擦感	1	
5	请被检者双上肢交叉，叩诊双侧后胸部	3	
6	叩诊双侧肺下界（腋中线、肩胛下角线），双侧肺下界移动度（肩胛下角线）	3	
7	听诊双侧后胸部（有无异常呼吸音、啰音，双侧对比），听诊有无胸膜摩擦音	3	
8	检查双侧语音共振（双侧对比）	1	
9	触诊脊柱有无畸形、压痛	0.5	
10	直接、间接叩诊法检查脊柱有无叩击痛	0.5	
11	检查双侧肋脊点、肋腰点有无压痛	0.5	
12	检查双肾区有无叩击痛	0.5	
合计		15分	

六、腹部检查

序号	内容	分值	扣分
1	正确暴露腹部，请被检者屈膝、放松腹肌，双上肢置于躯干两侧	0.5	
2	观察腹式呼吸、腹部外形、对称性、皮肤、脐等	0.5	
3	听诊肠鸣音、血管杂音	0.5	
4	叩诊全腹	1	
5	叩诊肝上、下界	1	
6	检查肝、脾有无叩击痛	0.5	
7	检查移动性浊音	2	
8	触诊全腹（自左下腹开始，逆时针）	1	
9	右锁骨中线上双手法触诊肝	2	
10	前正中线上双手法触诊肝	1	
11	检查肝 - 颈静脉回流征	1	
12	检查 Murphy 征	1	
13	双手法触诊脾，嘱被检者右侧卧位，再次触诊脾	1	
14	双手法触诊肾	0.5	
15	振水音	0.5	
16	液波震颤	0.5	
17	检查腹壁反射（上中下，双侧对比）、腹部触觉（或痛觉）	0.5	
合计		15 分	

七、四肢、共济运动、步态与腰椎运动检查

序号	内容	分值	扣分
1	正确暴露上肢，观察上肢皮肤、关节等，观察双手及指甲（双侧对比）	0.5	
2	触诊指间关节和掌指关节，检查指关节运动，检查握力	0.5	
3	触诊腕关节，检查腕关节运动	0.5	
4	触诊双肘鹰嘴和肱骨髁状突，触诊滑车上淋巴结	0.5	
5	检查肘关节运动，检查双上肢肌力（屈肘、伸肘）	0.5	
6	暴露肩部，视诊肩部外形，触诊肩关节及其周围，检查肩关节运动	0.5	
7	检查上肢触觉（或痛觉）	0.5	
8	检查肱二头肌、肱三头肌、桡骨膜反射，检查 Hoffman 征（双侧对比）	1	
9	指鼻试验（睁眼、闭眼），检查双手快速轮替运动	0.5	
10	正确暴露下肢，观察双下肢外形、皮肤、趾甲等	0.5	
11	触诊腹股沟区有无肿块、疝等，触诊腹股沟淋巴结横组、纵组，触诊股动脉搏动，必要时听诊	1	
12	检查髋关节屈曲、内旋、外旋运动，检查双下肢肌力（屈髋、伸膝）	0.5	
13	触诊膝关节，浮髌试验，检查膝关节屈曲运动	0.5	
14	检查有无凹陷性水肿	0.5	
15	触诊双侧足背动脉	0.5	
16	触诊踝关节及跟腱，检查踝关节背伸、跖屈运动，检查双足背伸、跖屈肌力，检查屈趾、伸趾运动	1	
17	检查膝腱反射、跟腱反射	1	
18	检查髌阵挛、踝阵挛	0.5	
19	检查 Babinski 征、Chaddock 征	1	
20	检查 Kernig 征	0.5	
21	检查 Lasegue 征	0.5	
22	检查下肢触觉（或痛觉），检查脚趾位置觉	0.5	
23	请被检者站立，检查闭目难立征	0.5	
24	检查腰椎屈、伸、侧弯、旋转运动	0.5	
25	观察步态	0.5	
合计		15 分	

主要参考文献

1．马明信，贾继东．物理诊断学．4版．北京：北京大学医学出版社，2019.
2．万学红，卢雪峰．诊断学．9版．北京：人民卫生出版社，2018.